Bulletin
de la Société Paul Claudel

Ouvrage publié avec le soutien du Centre national du Livre

2019 – 1, n° 227

Bulletin de la Société Paul Claudel

Claudel, questions de dramaturgie

PARIS
CLASSIQUES GARNIER
2019

SOMMAIRE

CLAUDEL, QUESTIONS DE DRAMATURGIE

THÉÂTRE

EN MARGE DES LIVRES

ACTUALITÉS DU CENT CINQUANTENAIRE

CLAUDEL, QUESTIONS DE DRAMATURGIE

« LE SOULIER DE DOÑA PROUHÈZE », LE CHEF-D'ŒUVRE DE PAUL CLAUDEL

Aus den Schriften eines Frühvollendeten
Eugen GOTTLOB WINKLER
ausgewählt und eingeleitet von Walter Jens
Fischer Bücherei Frankfurt/M. Hamburg,
1956[1]

Cet essayiste, critique littéraire, traducteur, écrivain, poète, s'est donné la mort à 24 ans. Il laisse derrière lui ou plutôt devant nous quelques textes majeurs dont cette analyse écrite en 1934 du « Soulier de Doña Prouhèze ». E. G. Winkler y reconnaît immédiatement le « chef-d'œuvre de Paul Claudel » – ainsi que le qualifie le sous-titre – paru en 1929, dans sa réjouissante nouveauté révolutionnaire et carnavalesque ; il comprend l'œuvre dans son esprit et jusque dans sa forme constitutive et nécessaire à elle-même. Il la conçoit dans sa globalité depuis le plus minuscule détail, jusqu'à l'indiciblement grand et, perception peut-être plus remarquable encore, dans sa temporalité/éternité singulière et son irrésistible mouvement. À lire Winkler, on croirait parfois entendre... l'Annoncier ! On ne s'étonnera pas néanmoins de voir ce solitaire, « dandy et rebelle », né dans un « monde de meurtriers », s'attacher ici à une pénétrante analyse de Don Camille, « le personnage probablement le plus abyssal » de la pièce, à ses yeux la création la plus remarquable de Claudel dans le *Soulier de Satin*, *Soulier* dont il cite nombre de passages qu'il traduit avec bonheur. Dans sa singularité, c'est un très bel exemple de la qualité de l'intérêt constant suscité en Allemagne par l'œuvre claudélienne.

---

1   « Parmi les écrits d'un génie précocement accompli / Eugen Gottlob Winkler / choix et introduction par Walter Jens / Fischer Bücherei Frankfurt/M. Hamburg, 1956 ». Winkler Eugen Gottlob (Zürich, mai 1912 – Munich, octobre 1936) se suicide pour échapper à la menace nazie d'une seconde incarcération.

Tant qu'il est vivant le poète, même le plus grand, appartient d'abord à son époque et aux circonstances propres à cette dernière, et il ne saurait s'en abstraire sans que ce soit dommageable à son œuvre en matière de vérité et de vie.

L'idée que la poésie existe dans un domaine idéal s'est révélée fausse. Certes ce qui constitue fondamentalement l'être humain est constant, mais le poète qui l'interprète et qui lui confère dans les figures qu'il crée une représentation dont la validité échappe au temps, ne peut le saisir que par le medium de sa propre époque. Tout autre comportement ne produit que de la (mauvaise) littérature.

Les créations poétiques avec lesquelles nous pouvons avoir commerce au même titre qu'avec des êtres vivants, les héros d'Homère, les héros de la tragédie grecque, les Simplicissimus ou Don Quichotte ne sont pas en mesure de faire naître à partir d'eux-mêmes par le biais d'une assimilation culturelle des personnages nouveaux.

Quant à la tentative d'en créer en nous servant des connaissances de la nature humaine que nous procure notre bagage scientifique, elle n'aboutit dans le meilleur des cas qu'à des inventions intéressantes. L'argile de la réalité constitue l'unique matériau à partir duquel un poète donne forme à des êtres incarnés.

Toutefois un tel constat ne signifie aucunement qu'il faille mêler sa voix à celles qui voudraient aujourd'hui que la poésie s'occupât du présent en fabriquant des types contemporains. Bien que façonnés d'après les données fournies par l'époque, ce genre de personnages se révèlent trop souvent constructions fragiles, sans vie propre ; et, aujourd'hui comme hier, rares sont les poètes qui possèdent la grâce d'insuffler, tel le Créateur, la vie à leurs personnages pour que ceux-ci naissent, se lèvent et marchent à travers les siècles dans une éternelle jeunesse.

En réfléchissant à cela, je pense à Paul Claudel, le poète, l'immense poète catholique français. Emprisonné dans son époque, lié à elle jusqu'à la subordination – mais actif en elle et la favorisant de ses dons –, il possède ce regard qui la pénètre et la comprend. Croyant et créateur, chrétien catholique et poète catholique, il a une perception intime de l'immense cohérence existant entre les choses, cette dimension d'éternité qui seule permet de saisir et de ressentir la cruelle immédiateté du temps présent.

D'une manière qui surpasse largement ses pièces précédentes, *Le Soulier de satin*, son chef-d'œuvre, en témoigne de façon exemplaire. On a rarement vu dans la création d'un poète le temps présent et l'éternité

rapprochés en une constellation aussi signifiante. La guerre mondiale dont
le déroulement démoniaque a pu un temps troubler l'esprit clairvoyant
de Claudel venait de trouver sa conclusion dans la plus grande confusion.
On aurait dit qu'il ne restait plus à l'homme occidental, vainqueur ou
vaincu, qu'à opposer – dans le meilleur des cas – à l'absurdité d'une
volonté destructrice généralisée une action aveugle et pareillement
absurde ; on aurait dit que seul importait, dans ce monde en train de
s'effondrer, de sauver celles des possessions que l'on pouvait encore saisir,
ou d'arracher à l'instant l'extrême de la jouissance. Atmosphère de fin
du monde ! Ce que les poètes annonçaient avait nom Désespoir et c'est
à lui que quelques œuvres parfaites ont élevé un monument : en 1919
Paul Valéry rédige son essai *La Crise de l'esprit*, 1922 voit paraître *Ulysses*
de Joyce, 1923 *Les Élégies de Duino* de Rilke, 1925 *Les Faux-monnayeurs*
de Gide. On brûlait les anciennes idoles, on répandait force moqueries
et accusations sur l'esprit des prédécesseurs qui les avaient érigées ; mais
qu'est-il resté d'un tel feu d'artifice des esprits et des âmes ? Cendre
et désolation – d'espérance, nulle trace. C'est dans le tourbillon de
ces années-là, entre 1919 et 1924, que Claudel a composé *Le Soulier de
satin* qui est le bilan de sa vie. Il disposait d'inépuisables trésors – il
les y a distribués. Expériences de cinquante ans d'existence au cours de
laquelle le poète, diplomate en fonction, avait parcouru la terre entière
en y acquérant l'art de pénétrer dans le maquis des actions des hommes
et des puissances à l'œuvre tout en y étant personnellement impliqué.
Richesses de sa foi catholique, conservées et multipliées sa vie durant,
amour pour l'esprit et sagesse du cœur, sa connaissance fine des choses,
fruit de trente années de création artistique, tout cela a été incorporé
dans cette pièce ; le génie du poète, se fondant sur l'universalité de
la philosophie scholastique, y faisait naître une seconde fois l'univers
dans son ordonnancement divin, en prêtant au sérieux avec lequel il en
explique la cohérence métaphysique les ailes de sa gaîté et de son humour
sublimé. L'espace où se joue *Le Soulier de satin* s'étend littéralement sur
les continents et les mers. L'Europe, l'Afrique et l'Amérique sont autant
de lieux de l'action. Au-delà encore l'espace terrestre s'ouvre de tous
côtés sur l'univers et l'infini. Le temps dans lequel se déroule l'action
de la pièce possède bien une caractérisation historique, mais l'auteur
s'est refusé à le fixer avec précision. On est en droit de penser à la fin
du XVIᵉ et au début du XVIIᵉ siècle, mais simultanément aussi à un *hic
et nunc* qui renvoie au caractère intemporel des événements mentionnés.
« L'auteur s'est permis (ce sont les termes d'une remarque préalable) de

comprimer les époques et les pays, de même qu'à la distance voulue plusieurs lignes de montagnes séparées ne sont plus qu'un seul horizon. »

Dans l'emploi qu'en fait Claudel, les catégories du temps et de l'espace sont assez proches de celles du conte de fées. Il ne se sert absolument pas du milieu historique pour ressusciter mentalement un monde disparu. On dirait presque qu'il pratique l'ironie dans la façon – supérieure – dont il utilise faits et dates, dont, selon telle exigence majeure de sa pièce, il la modifie délibérément, cette rigueur avec laquelle on reconstitue généralement un milieu historique. Si Claudel transpose l'action dans une époque du passé, c'est pour échapper aux contraintes imposées aux intentions du poète par les circonstances du présent, qui sont bien réelles et qu'on ne saurait négliger. Moins précise, l'atmosphère du passé élargit le champ du possible et lui donne davantage de liberté ; elle se distancie de l'accidentel qui dans le présent empêche la vision de l'essentiel. La tragédie française déjà, prenant en compte cette considération, s'était fait une loi de transposer l'action dans le monde d'une antiquité fictive. Un tel procédé comme on sait, soulignait l'actualité de l'action dramatique plus qu'il ne l'affectait. Semblable intention anime Claudel quand il transpose l'action de sa pièce à l'époque du baroque espagnol. Le choix de cette époque traduit sa position résolument catholique ; puisque c'est bien dans cette période-là, tout comme au Haut Moyen Âge, que le génie chrétien a pu se réaliser totalement dans le « monde » spécifique qui est le sien. C'est dans le baroque que le monde et l'esprit qu'un abîme sépare de nos jours avaient trouvé leur ultime grande synthèse.

Ce « monde », Claudel l'utilise pour pouvoir, dans des formes qui soient les plus concrètes, les plus solides, les plus claires possibles, donner esthétiquement à voir la Loi divine à laquelle sont soumis les personnages de son drame. Comparés aux personnages de L'Annonce qu'il a transposés dans un monde résumé dans le même esprit, celui du Moyen Âge, ceux du Soulier de satin sont dessinés et caractérisés plus précisément dans leur individualité. Dans L'Annonce le système de coordonnées qui donne sa visibilité à la loi qui régit le monde sert à mettre en évidence l'opposition des personnages et à faire jouer les uns contre les autres leurs principes négatifs et positifs. Un indice très clair les détermine jusqu'au tréfonds de leur nature. Ce sont des créations symboliques, entendons par là qu'ils ne sont individualisés que pour permettre de donner à un contenu abstrait une forme visible. Violaine et Mara sont des « incarnations », à la différence du Soulier de satin où les coordonnées ne sont que le support qui aide à consigner avec la plus grande

exactitude possible les courbes complexes que décrivent des âmes individuelles qui tendent alternativement vers des registres positif ou négatif.
C'est l'exploration en profondeur de l'humain qui est ici au premier
plan. L'auteur s'abstient de juger, d'indiquer où serait le bien ou le mal,
l'innocence ou la culpabilité. Il se contente de montrer – et sa vision est
claire et incorruptible – l'endroit où un personnage franchit la frontière
du commandement divin. Rares sont les protagonistes qui échappent à
une telle tentation. Mais l'espérance, la compassion, l'indulgence envers
la faiblesse et la faillibilité de l'être humain atténuent l'opposition entre
le clair et l'obscur en recourant à l'emploi d'un or réconciliateur. Aussi
nombreux que soient les personnages que la pièce met en relation – et
parmi eux il n'en est pas un seul qui ne soit caractérisé dans son être
ou signifié dans son aspect métaphysique – tous sont entraînés dans le
courant d'une action merveilleusement inventive. Certes, elle n'a plus
rien à voir avec ce qu'on entend communément par action dramatique
cette action qui embrasse une série d'existences prises dans leur complet
développement. Toutefois on aurait tort, sur la foi de signes superficiels
de compter cette pièce au nombre des biographies portées à la scène
comme nous en connaissons en particulier dans la littérature baroque
espagnole. Il s'agit de bien plus que cela. Ce qui se produit ici, ce qui
finalement se laisse déduire comme étant l'action à proprement parler
de la suite innombrable d'événements distincts, est une hyperbole qui
s'élève, atteint son sommet et son tournant et qui retombe ; sa trajectoire
dramatique est aussi continue, aussi réglée et aussi logique que celle que
l'on voit à l'œuvre dans une tragédie racinienne. Sa forme apparente
seule est différente et, étant donné l'ampleur de l'action, ses dimensions
s'éloignent de la norme classique. Pour la reconnaître, l'observateur doit
adopter une position esthétique différente. En effet de même que la
terre nous semble une surface plate quand nous nous tenons debout à
sa surface mais qu'elle possède en réalité une forme ronde, ce que nous
constatons dès que nous avons atteint la hauteur nécessaire, de même
Le Soulier de satin semble au début n'être qu'une suite de scènes plus ou
moins cohérentes, qu'un agrégat de drames différents qu'on a fait mijoter
ensemble, et ce n'est qu'après l'avoir reconsidérée plus amplement qu'on
peut reconnaître, émergeant de la profusion des événements, l'action
dans sa grandeur et sa continuité. Il ne s'agit pas d'un conflit séparé qui
doit être mené à son terme dans les vingt-quatre heures, selon les règles
classiques, et qui en conséquence produit une action linéaire facile à
saisir dans son ensemble ; il ne s'agit pas non plus ici de mettre en scène

la phase ultime de la déchéance d'un homme dans le style libérateur des drames shakespeariens. Mais ce qui se produit ici, c'est – et la chose est plus facile à dire qu'à expliquer – causée par un seul être humain, la désorganisation de l'ordre divin universel. Qu'un individu particulier s'écarte des commandements et des lois de Dieu, et la voie est ouverte à tous les événements qui désormais à perte de vue vont s'emmêler, se recouper et se croiser, vont rétrograder ou avancer parallèlement. Il est nécessaire que l'action dure, franchissant les époques et les continents, aussi longtemps que l'ordre troublé n'est pas rétabli – ce qui ne se pourra faire sans l'intervention directe de la grâce divine. Le déroulement de ce dérangement, représenté dans ses moindres répercussions, voilà l'action interne, l'action dramatique à proprement parler. Fondamentalement – et c'est le mot parce que la jubilation créatrice du poète poursuit sans relâche cette idée tout au long des images et des péripéties – fondamentalement cette pièce, qui met en branle le monde entier, qui dans sa seule forme extérieure s'étend déjà sur environ 500 pages imprimées, possède une nécessité formelle aussi absolue que n'importe quelle tragédie bâtie, elle, dans une brièveté extrême, appropriée à ses intention et contenu spécifiques.

Le titre de l'œuvre *Le Soulier de satin* renvoie à une circonstance particulière qui conduira l'action de la pièce jusqu'à son dénouement libérateur. Il s'agit ici du soulier de Doña Prouhèze, devenue dans la naïveté de son cœur – elle est presque une enfant encore – l'épouse du vieux Don Pélage, juge suprême de sa Majesté le roi d'Espagne, et qui brûle d'un amour néfaste pour le jeune et héroïque Don Rodrigue. Elle se voit aimée en retour ; le sentiment passionné de son cœur est plus fort que le commandement fixé par la loi. Prouhèze quitte Don Pélage pour s'unir à Rodrigue. Mais, au moment où elle quitte le foyer conjugal, elle consacre son soulier de satin à la sainte patronne de la demeure, la Mère de Dieu, et dit, consciente du péché qu'elle commet : « …pendant qu'il est encore temps, tenant mon cœur dans une main et mon soulier dans l'autre, / Je me remets à vous ! Vierge mère, je vous donne mon soulier ! Vierge mère, gardez dans votre main mon malheureux petit pied ! / Je vous préviens que tout à l'heure je ne vous verrai plus et que je vais tout mettre en œuvre contre vous ! / Mais quand j'essayerai de m'élancer vers le mal, que ce soit avec un pied boiteux ! la barrière que vous avez mise, / Quand je voudrai la franchir, que ce soit avec une aile rognée ! »

C'est là que commence l'action. Doña Prouhèze atteint le château de son amant. Don Rodrigue a été blessé en combattant des bandits de grand chemin et il gît, terrassé par la fièvre. Doña Honoria, la mère de Don Rodrigue, maintient les amoureux rigoureusement séparés l'un de l'autre. Quand survient Don Pélage, le mari de Prouhèze, il lui revient de punir le manquement de la jeune femme. Dans un remarquable dialogue, la rigidité de la loi telle que Don Pélage l'incarne se rencontre avec l'insouciance dans laquelle Prouhèze a vécu. Le poète donne à entendre les oppositions sans qu'interfèrent le moins du monde la morale et son zèle. Don Pélage a raison, «Ce n'est pas l'amour qui fait le mariage mais le consentement [...] en présence de Dieu dans la foi». Mais d'un autre côté, Don Pélage a commis une erreur grossière en croyant qu'il avait le droit, lui, un homme âgé, d'épouser une jeune fille mineure pour qu'elle soit le soleil et la joie de sa vieillesse. N'a-t-il pas ce faisant contrevenu à l'ordre naturel qui tient de Dieu son origine autant que l'ordre moral? Quand il entre en scène avec pour seul argument la lettre de la Loi, aux yeux de Prouhèze, qui a péché mais qui a conscience du péché et qui est prête à assumer contrition et expiation, il apparaît presque sous les traits d'un pharisien.

La punition que Prouhèze accepte est rude et elle correspond aux comportements intellectuels habituels chez Don Pélage. Il lui aurait été loisible de tuer l'épouse infidèle. Mais vivre est plus dur que mourir, une vie passée dans l'expiation plus dure que la mort. Il punit Doña Prouhèze pour la tentation à laquelle elle a succombé dans son cœur en l'exposant à une autre tentation, plus grande encore. La citadelle de Mogador, sur la côte ouest-africaine, avant-poste extrême du royaume d'Espagne face aux musulmans, est placée sous les ordres de Don Camille, qui aime Doña Prouhèze (ce que n'ignore pas Don Pélage); on le soupçonne d'être un renégat et d'avoir des sympathies pour l'enseignement de la doctrine de l'islam. En la personne même de ce commandant, l'Espagne se trouve constamment menacée d'être dépossédée de cette place forte. Don Pélage convainc le Roi de conférer le commandement suprême de la citadelle à Doña Prouhèze. Un double devoir l'y attend : se défendre des assiduités de Don Camille, qui lui fait désespérément la cour et empêcher en même temps que, pour se venger de ses refus, il ne livre à l'ennemi et la citadelle et sa personne.

Avec ce Don Camille, Claudel a créé le personnage probablement le plus abyssal du *Soulier de satin* et qui gagne encore en importance parce qu'apparaît en lui un destin devenu typique de notre époque, au miroir de l'histoire tel que Claudel l'utilise, *sub specie æternitatis*. L'existence solitaire de Don Camille dans cette citadelle reléguée entre le désert et la mer, entre les frontières de la chrétienté et de l'islam, n'est que la représentation de l'état de son âme. Par nature, toute réalité, qu'elle appartienne à ce monde-ci ou relève d'un Autre, demeure fermée à son discernement. Son âme n'a part ni au monde terrestre ni au monde céleste ; la seule chose qu'il vit et ressent (et lui-même exprime cela avec un cynisme bouleversant), c'est le néant. Une telle expérience met en échec la volonté comme l'intelligence. En effet que le néant ne puisse exister en tant que néant est une pensée, une limite de la raison qui ne peut contrecarrer la force pénétrante avec laquelle son âme éprouve ce néant. Finalement toute spéculation chrétienne sur l'être est fondée sur une foi renforcée par la grâce divine, c'est la foi qui lui fournit le critère premier, le critère fondamental. C'est cette grâce qui manque à Don Camille, il est privé de la force de la foi. Mais en revanche il ne prétend nullement nier, il reconnaît la présence de Dieu et dans son désespoir il va jusqu'à blasphémer. Est-il bon ? Est-il méchant ? Ici aussi il se trouve entre deux frontières. Il dit ce qu'il est tel qu'il se sent être : « une petite pièce d'or dans une cassette oubliée ». Plus rien de terrestre n'a pour lui de charme. Pénétré du sentiment de son néant, il désigne comme son bien le plus précieux l'endroit « où il n'y ait absolument plus rien ! *Nada !* » : Mogador. Dépouillé et libéré comme il l'est des désirs terrestres de l'âme, eux qui font obstacle à l'intention divine, pour être sauvé, il lui suffirait d'avoir la grâce. Il la désire intensément, il croit que par son amour Prouhèze serait susceptible de la lui transmettre. En aimant Prouhèze il cherche à travers elle à comprendre ce Dieu qui lui est devenu insaisissable. Le sens surnaturel qui réside dans le rapport qui lie les sexes se révèle ici dans toute sa grandeur : la femme que sa nature attache bien plus fortement à la réalité que l'homme porté par son esprit à des contradictions qui le détruisent, la femme apparaît à l'homme dont la pensée ultime aboutit à un vide glacial, comme l'intermédiaire naturel qui peut le conduire vers cette réalité qu'il a perdue, et partant, à Dieu.

Un temps on voit Camille, image saisissante de l'homme tragique, traverser le monde de la pièce de Claudel, un monde considéré d'en haut, à l'altitude divine, impliqué lui comme les autres sans en avoir conscience, dans l'ordre du monde. Mais lorsqu'il constate que l'amour de Prouhèze lui restera interdit, lorsqu'il pense pouvoir la conquérir par la force – et il s'interdit par là même toute libération et compensation –, il succombe au destin promis à toute nature tragique : il se rebelle contre Dieu et tombe dans l'hybris.

Fidèle à sa mission, Doña Prouhèze vit aux côtés de Don Camille et commande à Mogador quand Don Rodrigue embarque pour l'y rechercher avec l'accord du Roi. Malgré le désespoir qui le ravage parfois, il est décidé à renoncer à elle et vient dans la seule intention de délivrer Doña Prouhèze de la situation inhumaine dans laquelle elle se trouve. Une responsabilité majeure l'attend, dont l'a chargé le Roi, il s'agit de gouverner le « Nouveau monde » ; et, à la différence de Don Camille, il est suffisamment enraciné dans la réalité pour voir dans cette charge, en dépit de toute sa souffrance personnelle, une action propre à remplir une existence.

Arrivé à Mogador, il n'obtient qu'un entretien avec son rival qui, moqueur et amer, fait montre de sa supériorité, n'ayant rien à perdre mais au mieux quelque chose à gagner. Prouhèze demeure invisible et fait savoir à Don Rodrigue, le message est bref, que son intention est de rester à son poste. Rodrigue, bredouille, fait demi-tour.

Dix ans durant il vit en Amérique avec le titre de Vice-Roi. Avec la tranquillité d'esprit d'un homme qui n'attend plus le moindre bonheur personnel il dirige les êtres et les choses ; sa plus grande entreprise est d'établir dans le détroit de Panama, entre les deux océans, une voie de liaison où les bateaux peuvent être transportés hissés sur des rouleaux. Il est devenu un homme à qui « la haine et le mépris des gens [...] sont plus faciles à supporter que leur admiration ».

C'est alors que lui parvient la « lettre » de Doña Prouhèze. Après des années de détours, passée de main en main, après que pour les personnages depuis longtemps déjà cet écrit est devenu littéralement proverbial, elle arrive enfin dans les mains de Rodrigue, avec pour effet qu'il quitte instantanément sa charge et s'embarque en hâte pour rallier Mogador. Il ignore encore ce qui s'est passé pendant le temps où la lettre était en route.

Le mari de Doña Prouhèze, Don Pélage est mort entre-temps. Prouhèze se trouvait libre. Mais Don Camille a immédiatement saisi l'occasion pour la contraindre à l'épouser : la garnison de Mogador s'était soulevée contre Prouhèze et s'était placée du côté de Don Camille. Pour conserver la forteresse au roi d'Espagne car Don Camille avait décidé sa chute, Doña Prouhèze a été contrainte d'accepter le mariage qu'il lui proposait. Formellement Don Camille avait atteint son but. Mais Prouhèze n'avait pas cessé d'aimer Don Rodrigue. C'est son image qui habite son âme lorsqu'elle conçoit de Don Camille un enfant. Conséquence du lien mystique qui unit les âmes, cet enfant en grandissant aura les traits de Don Rodrigue.

Don Camille connaît le désespoir. Son amour pour Prouhèze dont il est devenu l'esclave se mue en cruauté et en haine. Il ne recule pas devant l'usage de la violence et ose lever la main sur Prouhèze. La première fois qu'il l'a frappée, elle a écrit la « lettre à Rodrigue » où elle l'appelle à l'aide. Mais, avant qu'il ne réponde à cet appel, Prouhèze connaît par l'effet direct de la grâce un changement décisif : son amour, certes épuré mais qui était toujours resté terrestre, se sublime en un sentiment céleste. Elle voit en rêve le Globe ; les endroits atteints et influencés par les vagues de son amour apparaissent en pleine lumière : l'isthme de Panama, puis, vision prémonitoire, l'île japonaise qui « peu à peu s'anime et prend la forme d'un de ces gardiens en armure sombre que l'on voit à Nara » (didascalie de Claudel). L'Ange gardien de Prouhèze apparaît dans ce costume et il noue avec elle un dialogue lumineux, éclairant le plus douloureux comme le sublime : l'amour, la mort et la grâce, le salut éternel et l'éternelle félicité à la lumière d'une joie – d'un rire – supraterrestre. Et Don Rodrigue réalise ce qui a été refusé à Don Camille ; Prouhèze va devenir pour lui l'hameçon qui tirera son cœur jusqu'à Dieu, car – et l'Ange Gardien le dit avec les mots d'un pêcheur d'âmes – « Pour les uns l'intelligence suffit. C'est l'esprit qui parle purement à l'esprit. / Mais pour les autres il faut que la chair aussi peu à peu soit évangélisée et convertie. Et quelle chair pour parler à l'homme plus puissante que celle de la femme ? » En aimant Prouhèze Rodrigue va aimer en elle, qui a accès à la félicité, Dieu et les choses du ciel. Mais pour l'heure, Don Rodrigue à son arrivée à Mogador ne comprend pas encore le langage dans lequel lui parle avant de mourir Prouhèze déjà sauvée. Il est encore prisonnier des choses terrestres. Il part à la conquête du Japon, au cours d'une bataille une balle fait de lui un infirme, il connaît la captivité et à son retour tombe en disgrâce auprès du roi d'Espagne. Il est un homme âgé maintenant et il vivote chichement. Circulant de-ci de-là sur une barque qui lui sert également d'habitation, il fabrique avec le soutien d'un assistant japonais des images de saints qu'il vend aux pêcheurs espagnols. Au même titre qu'en bien d'autres occasions, Claudel utilise celle-ci pour prendre position à propos d'un sujet d'actualité. Son procédé (il est sûr de ses critères, intéressé par le sujet au point d'y engager toute sa personne, et placé, quand il émet son jugement, au sommet de la perspective intellectuelle) fait que la cause qu'il représente sort – indemne et presque sans difficulté – victorieuse de la confrontation des opinions, grâce à l'ironie claudélienne dont le propre est d'exercer un effet non pas caustique mais clarificateur en mettant les rieurs automatiquement de son côté.

En effet la «peinture» telle que la pratique le pauvre, le vieux Don Rodrigue et tout ce qui au cours de la pièce heurte également les points de vue académiques doivent être considérés comme un divertissant travestissement de l'art moderne pour la valeur duquel (valeur fondée sur l'authenticité du sentiment et la force de son expressivité) Claudel prend chaleureusement parti. Aucun doute quant au côté où se trouve le poète quand le problème est débattu. «Tout ce que je vois ici, dit un certain Don Mensez Leal, est une offense aux traditions et au goût et provient du même désir pervers d'étonner et de vexer les honnêtes gens! [...] Il faut qu'un Saint ait une figure comme qui dirait générale puisqu'il est le patron de beaucoup de gens, / Qu'il ait un maintien décent et des gestes qui ne signifient rien en particulier». Ce à quoi le bon Don Rodrigue dans la simplicité qui caractérise désormais son cœur lui répond : « — Et moi, j'ai horreur de ces gueules de morues salées, de ces figures qui ne sont pas des figures humaines mais une petite exposition de vertus! / Les saints n'étaient que flamme et rien ne leur ressemble qui n'échauffe et qui n'embrase! / Le respect! Toujours le respect! Le respect n'est dû qu'aux morts, et à ces choses non pas dont nous avons usage et besoin! *Amor nescit reverentiam*, dit saint Bernard. »

Une simplicité enfantine et une sagesse toute stoïcienne se rencontrent chez le vieux Don Rodrigue. Mais cela suffit-il? La modestie avec laquelle il s'arrange avec le monde ne saurait être, si on la mesure à l'aune de sa nature et de sa destinée, un accomplissement. Dans cette phase de son existence, un étrange demi-jour nimbe sa personne. La manière dont il envisage les choses terrestres et humaines a des aspects touchants et admirables. Mais ce faisant, il ne découvre pas la perspective que la mort de Prouhèze lui a ouverte sur l'amplitude de l'éternité. À son âme qui désormais se contente de peu il manque une matière à dévorer, la flamme qui consumera ses dernières scories.

Deux événements extraordinaires se produisent dans lesquels son destin l'implique et ils vont révéler clairement sa position. Doña Sept-Épées, la fille de Doña Prouhèze qui voit en Rodrigue son père, un père qu'elle aime avec tendresse et qu'elle admire, cette jeune fille au cœur ardent cherche à le décider à entreprendre une croisade qu'elle veut monter à la force du poignet contre les Maures africains. Elle recrutera les croisés et à Don Rodrigue reviendra le commandement en chef. Mais il refuse de prendre part à pareille aventure céleste digne de Don Quichotte, pour se laisser entraîner au même moment dans une autre, terrestre celle-là. L'Armada avait pris la mer dans le but de briser la puissance britannique. Une fausse nouvelle, annonçant la glorieuse victoire de la flotte espagnole, parvient à la cour. Le Roi décide de faire rentrer Don Rodrigue en grâce pour le nommer Vice-Roi d'Angleterre. Commence alors un jeu d'illusions et de masques des plus bizarre. Le conseil des ministres est convoqué solennellement ; le souverain est prêt à confier à Don Rodrigue qui attend dans l'antichambre cette haute fonction, voilà qu'arrive un courrier qui apporte la vraie nouvelle de la défaite espagnole. Suivant la volonté royale, l'acte politique qui vient de commencer n'en suit pas moins son cours. Manière insolite, vertigineuse de tourner en dérision la puissance politique : on fait comme si la catastrophe ne s'était pas produite. Don Rodrigue dans la sagesse et la pureté de sa folie va connaître ici sa chute terrestre définitive. Questionné par les ministres qui veulent savoir comment il pense gouverner cette Angleterre qui n'est déjà plus qu'illusoire, il développe des projets philanthropiques selon lesquels il instituerait sur terre un royaume de la Paix. Il n'est pas dans ses intentions d'introduire en Angleterre une domination étrangère espagnole, il refuse la présence de troupes et de fonctionnaires espagnols, mieux encore : il réclame pour l'Angleterre une partie des possessions espagnoles en Amérique et n'hésite pas à remettre en question le caractère héréditaire de la succession au trône d'Espagne.

À l'issue de cet entretien le voici maintenant déclaré traître à l'État et mis dans les chaînes ; seule la faveur particulière du Roi l'a sauvé de la mort. Rabaissé au rang d'esclave il passe ainsi d'un propriétaire à un autre, vieillard devenu totalement inutile. À la fin une religieuse à la langue bien pendue (elle navigue de-ci de-là, chargée par son couvent de collecter des vieux chiffons) réussit à le racheter à un matelot qui était justement sur le point de le vendre comme traître au marché. Et d'une âme enfin ardente Don Rodrigue se soumet à ce destin : « Je veux vivre à l'ombre de la Mère Thérèse ! Dieu m'a fait pour être son pauvre domestique. / Je veux écosser les fèves à la porte du couvent. Je veux essuyer ses sandales toutes couvertes de la poussière du Ciel ! »

La pièce est construite en quatre grandes parties, appelées Journées mais sans que l'unité de temps de chacune corresponde à une véritable journée ; elle est plus longue et englobe généralement plusieurs semaines. Les Journées entre les fins et les commencements desquelles s'intercalent des espaces de temps encore plus longs sont à leur tour constituées de nombreuses scènes dont le lieu varie chaque fois.

Toute tendance à construire l'illusion scénique est ici bannie. L'auteur s'emploie précisément à la détruire dès qu'elle pourrait naître chez le spectateur, ou chez le lecteur. Ce qu'on voit ici est à proprement parler un jeu dont le spectateur doit demeurer constamment conscient. En cela Claudel demande de retrouver une attitude à peu près inconnue de nos jours du spectateur de théâtre. La scène est réellement à prendre comme une scène. Son appareillage technique qui demeure visible pendant le déroulement des événements est inclus comme tel dans la signification du spectacle. Pendant que certains personnages terminent une scène, d'autres entrent déjà sur le plateau pour commencer la suivante. Pendant ce temps, les techniciens continuent imperturbablement leurs manutentions. La pièce ne vit que par la force de sa puissance poétique de représentation, par le verbe et par la caractérisation propre à chaque personnage, fondée sur une inébranlable vérité intérieure et qui peut se passer de toute espèce de motifs extérieurs. Le jeu est mis en scène dans une improvisation joyeuse, carrément carnavalesque. Un meneur de jeu donne le départ en décrivant avec des mots pleins d'esprit une situation en soi terrible. Des pirates ont pillé un navire espagnol et l'ont abandonné après l'avoir dépouillé. Attaché au tronçon d'un mât un père jésuite prononce son ultime prière : c'est le frère de Don Rodrigue [frère Léon]. À certains moments un personnage comique sans véritable lien ni avec l'espace de la scène ni avec l'espace réel (c'est l'Irrépressible) intervient tel un clown plein de toupet au beau milieu de l'action poétique et de son déroulement mécanique sur la scène. Il y introduit les personnages, les traite d'une part comme des acteurs, mais tout aussi bien il parle d'eux en s'adressant au public comme si c'étaient des personnes authentiques. Autre exemple : on voit devant le rideau une comédienne assise à sa table de maquillage préparer son entrée tout en s'entretenant avec sa camériste ; soudain le rideau se lève, tous les ustensiles s'envolent, tirés par des fils ; « Nous sommes de l'autre côté du rideau » s'écrie l'actrice alors que déjà son double commence à jouer son rôle sur la scène.

Sans que la réalité naturelle soit atteinte dans son être même, cette technique produit des effets insoupçonnés : le déroulement des événements s'en trouve accéléré, la pesanteur allégée, la difficulté simplifiée ; ainsi sont réunies les conditions physiques et matérielles préalables qui permettent l'avènement absolu du merveilleux dans la création poétique. Dans l'espace de la réalité il est impossible de voir réunis intimement l'image concrète et le concept, ici, dans l'espace de cette œuvre poétique, ils coïncident. C'est la raison pour laquelle on ne peut plus guère la qualifier de symboliste au sens précis du mot. Nature et supranature, qui dans les drames antérieurs de Claudel apparaissent encore d'abord comme un retour depuis le premier domaine vers le second, entrent en scène ici simultanément et à égalité d'importance.

En inventant un tel mode d'écriture Claudel a créé le cadre dramatique où peut se jouer, sans obstacle artistique et librement, un drame catholique. Les problèmes essentiels que pose la pensée catholique reçoivent ici les moyens qui conviennent parfaitement à leur expression poétique : les oppositions entre lesquelles l'âme humaine se trouve enserrée trouvent leur péréquation dans ce cosmos poétique ; le tragique est surmonté. Dès lors l'acte particulier d'un être particulier, qu'on peut considérer comme le ressort du drame né du théâtre classique n'a de valeur que mis en relation avec l'Action divine qui lui est supérieure. Cet acte est dévalué dans la mesure où l'accent principal cesse d'être mis sur la libre volonté de l'individu agissant pour être déplacé vers l'efficacité de la Providence et de la grâce. Même lorsqu'il se rebelle contre Dieu, l'individu est incapable de se présenter devant lui tel un partenaire égal dans une opposition objective. Même celui qui est tombé hors de l'Ordre ne cesse pas de vivre en relation avec la grande Histoire dans sa totalité et se trouve à la place qui lui a été assignée dans l'univers. On touche ici au mystère du libre arbitre. En le représentant et en le rendant compréhensible, Claudel dépasse en tant que poète les possibilités qu'a la réflexion de le concevoir. Même un Don Camille dont l'action se développe sur le fond obscur du néant pour retomber finalement sur lui et causer sa perte – ce qui est la caractéristique de la chute tragique –, même Don Camille, la suite de la pièce le montre bien, ne doit pas être considéré pour lui-même, sa véritable signification ne lui sera attribuée que plus tard, dans la structure de l'ordre général. Quant à un personnage comme celui de Doña Musique, il serait impensable sans la certitude de la réalité de ce surnaturel d'où lui vient, mystérieuse pour elle-même et absolue, son énergie vitale. Si le cadre de l'action dramatique était limité aux bornes du « naturel », sa destinée relèverait du grotesque. Qu'on se représente bien les choses ! Une fillette qui ignore tout de la vie, prise dans les rêveries de son jeune cœur passionné, est amoureuse du Vice-Roi de Naples dont l'image lui est apparue en rêve. Sur le chemin qui mène à lui, elle tombe dans les mains de compagnons plus que douteux ; un brigand se sert de sa bonne foi et, en se faisant passer auprès d'elle pour un envoyé du Vice-Roi à sa recherche, il a bien l'intention de s'emparer d'elle et d'en tirer un bon prix en la fourguant comme esclave aux Maures. Toute la compagnie fait naufrage au large de la côte sicilienne. Doña Musique est la seule rescapée. Elle se cache dans les bois et survit grâce aux offrandes apportées par les paysans à une déesse païenne du lieu. Un jour un élégant chasseur fait sa rencontre ; elle s'adresse spontanément à lui comme étant le Vice-Roi de Naples. Si l'histoire raconte alors que c'est bien de lui qu'il s'agit et qu'il va concevoir, lui ce jouisseur frivole, un amour intense et sérieux pour cette charmante ingénue (innocente ? spontanée ? il n'existe en allemand aucun autre mot pour rendre avec exactitude la nuance de cette féminité juvénile)..., tout cela a un air plutôt godiche et semble une invention presque niaise. Mais en réalité, la donne est vraie dans un sens beaucoup plus large que celui auquel le vraisemblable pourrait prétendre. Aux détours risqués de cette aventure le devoir du poète est de montrer la vie ; et il y parvient, il la montre.

Avec *Le Soulier de satin* Claudel a prouvé que, en dépit de toutes les explications théoriques, il n'existe pas de lois esthétiques à proprement parler qui puissent se prévaloir d'une validité générale. La force d'un esprit créateur ne se prouvera jamais autrement qu'en donnant à son objet une forme qui lui convienne de façon absolue. La forme extérieure aussi est essentiellement fondée sur une base métaphysique. C'est la raison pour laquelle on ne peut parler d'art catholique dans le vrai sens du terme que si les oppositions naturelles entre le fond et la forme sont résolues en une synthèse. *Le Soulier de satin* est ici un cas idéal : inattaquable du point de vue religieux comme esthétique. On est ici en droit de mettre l'accent sur l'aspect esthétique. C'est le seul enjeu quand on débat aujourd'hui de la question d'un art catholique, l'aspect religieux étant un présupposé indispensable qui se comprend de soi. En revanche, savoir si l'art catholique peut être légitime dans le grave exercice de sa fonction apostolique dépend du fait qu'en tant qu'art il soit vrai et inattaquable. À considérer la solution que Claudel a apportée au problème du théâtre catholique, tout porte à croire que l'autre problème, celui du roman catholique, évoqué avec force ces temps-ci, est moins une question de matière que de capacité créatrice qui fait actuellement défaut dans ce domaine littéraire. Mais qu'est-ce qui objectivement viendrait s'opposer à l'idée que le grand roman catholique pourrait naître un jour ? Son apparition se distinguera des repères connus jusqu'ici aussi fondamentalement que *Le Soulier de satin* s'est distingué du drame antérieur. Personne ne peut dire quel il sera.

Mais, avant Claudel, aurait-on pu le moins du monde imaginer comment le drame catholique allait trouver son accomplissement ? Et, après la parution de ses premiers drames, *Tête d'Or* et *La Ville*, qui aurait été capable de prévoir qu'allait advenir un *Soulier de satin* qui dépasse encore et largement *L'Annonce faite à Marie* ? L'esprit créateur nous surprendra toujours ; rien ne lui est impossible.

Eugen Gottlob WINKLER
Présentation et traduction
de Monique DUBAR

CLAUDEL POUR RACINE,
LES RAISONS D'UN REVIREMENT

Claudel vivant, Racine mort, le premier ne craint pas de batailler avec le second dans le cours d'un va-et-vient entre art de dire et art d'aimer que traduit à merveille sa *Conversation sur Jean Racine*. En février 1935, le dramaturge alors âgé de 67 ans assiste à une représentation de *Bérénice* à la Comédie-Française. Voici ce qu'il note dans son Journal :

> Assisté à *Bérénice* [...] avec un ennui écrasant. Ce marivaudage sentimental, cette casuistique inépuisable sur l'amour, est ce que je déteste le plus dans la littérature française. Le tout dans un ronron élégant et gris, aussi éloigné de notre français vulgaire et gaillard que du turc et de l'abyssin. C'est distingué et assommant. On parle toujours de la fameuse *mesure* classique et racinienne, mais tirer 5 actes de cette anecdote, c'est tout de même trop. Le rouet inépuisable des phrases, des alexandrins et des dissertations. Tout se passe en faux départs et en assaut de sentiments nobles et artificiels développés dans l'abstrait. Penser qu'on donne Racine comme base de l'instruction littéraire de nos pauvres enfants ! C'est extravagant[1].

La mauvaise humeur du spectateur exacerbe son point de vue négatif, signalé de façon intermittente par son Journal, et auquel son essai de 1925 sur le vers français a offert l'espace nécessaire à une plus ample explication. Dans ce texte écrit à Tokyo et destiné à la *NRF* le poète réfléchit en effet sur sa langue, ses possibilités, ses usages à travers l'histoire, à la lumière de cet Extrême-Orient où il fait l'expérience d'un autre art de dire. La tradition de la poésie française lui apparaît avec netteté, sur le fond en contrechamp du Japon, une tradition dans laquelle il s'inscrit tout en s'opposant à certains de ses courants. Celle du vers classique français lui est étrangère, cependant qu'il relève sa relation profonde au tempérament national français. « La même horreur du hasard, le même besoin de l'absolu, la même défiance de la sensibilité, qu'on retrouve encore aujourd'hui dans notre caractère et nos arrangements sociaux,

---

1   *Journal* II, Gallimard, Bibliothèque de la Pléiade, p. 80-81.

ont modelé notre grammaire et notre prosodie[2]. » Rime, césure, nombre obligatoire des syllabes sont les instruments du poète classique français, au service d'une contrainte maximum. Au point qu'elle le conduit à renoncer à l'inspiration, pour ne pas se compliquer encore la vie. De la part de l'auteur de *Cinq Grandes Odes* animées par le souffle de Pindare, c'est une condamnation qu'on pourrait croire sans appel.

Mais non, car cédant aux injonctions de sa mémoire, à tous ces vers de Corneille, Racine et Molière, appris par cœur à l'école, Claudel lâche un instant prise pour s'abandonner à des impressions dont le caractère flottant, non articulé, indique qu'il cherche à dire autre chose de plus difficile à cerner. « [...] il se forme dans ma pensée des annotations de ce genre : équation (on peut changer un chiffre, mais non pas un rapport entre deux chiffres). Balance. Appareil à peser les idées. Conférence non de formes et de couleurs mais de "gravités" différentes. Vérification de l'équilibre par le mouvement, comme le corps dans la marche qui trouve successivement appui sur l'une et l'autre de ses jambes. La mesure. Toute chose mesurée, aunée, assujettie à des longueurs égales. Ainsi tout se dit avec décence et dignité et comme dans un monde supérieur, le *monde* par excellence[3]. »

En 1925, l'oreille de Claudel est sensible à l'univers sonore de la poésie classique – plus compliqué que ses règles – à la fois insaisissable dans la pondération de ses moyens et parfaitement audible dans ses effets. Mais il reste hostile à son projet ramené à « cette grande entreprise d'investigation psychologique et morale à quoi deux siècles de notre littérature ont été consacrés[4] ». Les conséquences en sont doublement graves. Sur le plan religieux, ce projet contribue au « lamentable divorce de la catholicité » marqué par la séparation croissante de l'art et de la Foi, à partir du XVIe siècle. « C'est par le défaut de cette catholicité, en même temps que d'une certaine énergie essentielle, que notre Racine doit céder le pas à un Shakespeare auquel il est cependant si supérieur par certains côtés », écrit le poète en 1921 dans son « Introduction à un poème sur Dante[5] ». Tandis que sur le plan humain, l'exercice aboutit à la sècheresse. « Certainement, nous devons à Racine, à Chénier et surtout à La Fontaine, les accents purs et modulés d'une langue parvenue à la suprême fleur de la délicatesse et de la politesse[6] », mais le cœur n'y trouve pas son compte.

---

2 « Réflexions et propositions sur le vers français », *Œuvres en prose*, Gallimard, Bibliothèque de la Pléiade, p. 9.

3 *Ibid.*, p. 10.

4 *Ibid.*, p. 11.

5 *Œuvres en prose, op. cit.*, p. 423.

6 « La chanson française », *op. cit.*, p. 381.

Du moins pendant très longtemps, jusqu'aux années quarante où le poète déjà avancé en âge accède à Racine (et à lui seul) par la voie du cœur, enfin trouvée. Son Journal n'en garde pas la trace, mais ses commentaires de la Bible auxquels il travaille sans relâche. Il y a d'abord cette parenté du terroir enfin réanimée. Que tous deux fussent originaires de la même région, le Tardenois, serait demeuré enfoui, si Claudel n'avait mis en mouvement le souvenir fondateur de toute son œuvre exégétique, aux sources concrètes duquel puisa son imagination. Il s'agit de la petite ville de La Ferté-Milon, de son église proche de la gare empruntée par le lycéen pour rejoindre Villeneuve, de ses vitraux, du soleil qui les frappe à certaines heures, de « l'Apocalypse de La Ferté-Milon telle que Jean Racine quand il était enfant en recevait les taches rouges et bleues qui lui déteignaient sur la figure ». Tout comme sur le visage de Claudel, il s'en souvient : « Il y avait ce panneau de verre sourd, ce panneau de verre en fermentation, et par-derrière toutes ces histoires de l'Apocalypse qui formaient lentement des "œils", des taches quoi ! Ça tachait ! Ça aboutissait comme de soi-même à du bleu, à du vert, à du grenat[7] ». Entre les deux compatriotes ou « pays », comme on disait autrefois, existe désormais, vivant et agissant, ce lieu physique et poétique qui les réunit.

Au printemps 1942, dans un essai intitulé « La séquestrée », quatrième d'une série de six, rassemblés sous le titre *Seigneur, apprenez-nous à prier*, surgit la Bérénice de Racine, parmi d'autres « figures de la Poésie » (comme Claudel les appelle) sans qu'il lui soit reproché le ronron de ses propos. Sa silhouette apparaît sur une scène ancienne et même primitive, puisque ce qui s'y joue se rattache à la Genèse. Glissée dans la file poignante de ses sœurs en littérature (Béatrice, Dulcinée, Juliette, Desdémone), l'héroïne racinienne accomplit le destin accordé par le Créateur à la première Ève, qui fut tirée d'une côte d'Adam. « Il y a désormais, intérieur à lui, quelque chose de dessiné par le manque, un vide qu'aucune chair, rien de mortel, ne suffira à boucher[8] ». On reconnaît à l'instant le thème du *Soulier de satin*, enraciné dans les profondeurs d'une expérience pressentie par Claudel dès 1891 dans son drame de *La Ville* avant d'avoir été vécue en Chine entre 1900 et 1904. La femme (Lâla, Ysé, Prouhèze, et bien d'autres, auxquelles Bérénice s'affilie), suscite un désir qu'elle ne peut combler, sinon par une « promesse qui ne peut être tenue ». Aussi n'est-on pas surpris de lire, à la suite de la préemption exercée par l'exégète sur

---

7   *Les Vitraux de La Ferté-Milon*, *Le Poëte et la Bible* II, Gallimard, p. 1142.
8   *Seigneur, apprenez-nous à prier*, *Le Poëte et la Bible* I, Gallimard, p. 955.

la tendre reine de Césarée, la conclusion qu'il en tire : « Tout le théâtre de Racine [...] n'est que la prise sans jamais aboutir à l'étreinte, de deux âmes qui se confrontent, se regardent, se défient, s'étudient, se mesurent, de toute la science éréthisée de cette faculté où il entre encore plus d'intelligence que de sentiment et qu'on appelle le tact[9] ».

Un an plus tard, en 1943, le motif revient dans ce magnifique commentaire du *Cantique des Cantiques*, conçu par Claudel comme le « poëme d'un poëte de la terre sur un autre poëme dont on lui dit que l'auteur est le Saint-Esprit[10] ». On ne peut mieux dire, au regard de l'événement qui le traverse de toute la force de sa réalité, au chapitre cinq. Il s'agit de la création du *Soulier de satin* à la Comédie-Française. Claudel assiste à la première le 19 novembre 1943. À son retour, il note son émotion à revoir « le drame de ses années méridiennes[11] ». Elle le ramène au mystère de l'amour vécu, à sa résolution théâtrale, et à ses résonances divines, dans deux pages de son commentaire du *Cantique* consacrées à la puissance de la passion.

« Ô haine de Vénus, ô fatale colère[12] ! » déclare Claudel d'entrée de jeu. Confiée à Phèdre, à son désespoir, la passion fait éclater la mesure racinienne et avec elle les objections du poëte à l'entreprise psychologique et morale dont elle participe. Par la brèche ouverte sur les puissances d'en haut, Phèdre rejoint les « grands passionnés », Hélène dans Homère, Didon chez Virgile, Cassandre avec Eschyle, qu'une même tragique expérience sépare du reste du monde. « Ces inspirés ont tous vu dans ce paroxysme du désir humain, qui en refusant la satisfaction appelle la mort, quelque chose de fatal et de sacré[13]. » En ce mois de décembre 1943, Claudel s'arrête aux exemples tirés de quelques grands maîtres de la littérature, alors que sa sœur Camille, morte en octobre, habite sa pensée. Ce n'est que onze ans plus tard dans une ultime *Conversation sur Jean Racine* que cette sœur surgira, dans tout l'éclat de son malheur, auprès de l'épouse de Thésée, en conclusion du texte.

Dans les mêmes années quarante, une autre perspective s'ouvre sur la *Phèdre* de Racine, non plus par la voie du *Cantique* et ses rêveries sur la passion, mais par celle du théâtre et son spectacle en action. En avril 1943, Claudel assiste à la pièce montée par Jean-Louis Barrault. Puis il la revisite en mai 1946 à travers la lecture des commentaires du metteur

---

9   *Ibid.*, p. 955.
10 *Paul Claudel interroge le Cantique des cantiques*, Le Poëte et la Bible II, *op. cit.*
11 *Ibid.*, p. 118.
12 *Ibid.*, p. 120.
13 *Ibid.*, p. 120.

en scène, rassemblés en un volume paru au Seuil. Elle produit en lui le choc d'une découverte dont le moteur est un désaccord aussitôt noté dans son Journal : « Jean-Louis Barrault m'envoie sa mise en scène de *Phèdre*. Très intéressante, mais à mon avis, il s'est complètement trompé sur la grande scène centrale du II⁰ Acte. Ce n'est pas une scène de viol, c'est une scène de fascination (action par les contraires). Hippolyte s'avance vers elle, comme fasciné. Et c'est après *Donne !* seulement qu'elle s'empare de son épée. Et alors Œnone surgit[14] ». Deux hommes de théâtre s'opposent sur le tempo intime du geste de Phèdre. Si ce geste suivait – ne serait-ce que d'une seconde – sa prière : « *Donne !* », il laisserait à ce beau-fils qu'elle aime le temps de s'approcher de cette belle-mère qu'il fuit. L'inversion potentielle de sa relation à Phèdre n'est encore qu'une intuition. Mais dans sa dynamique s'inscrit l'espace d'une *Conversation* où s'exprimera, avec bien d'autres renversements, le propre retournement de Claudel en faveur de Racine.

Jean-Louis Barrault en sera à nouveau l'agent, ayant demandé au poète, dans une lettre du 20 août 1954, une « chronique très libre » sur le sujet : « Je me rappelle ces merveilleux propos que vous m'avez tenus sur lui, sur ses personnages féminins amoureux d'hommes qui ne les aiment pas, etc., etc., sur votre opinion de lui par rapport à Shakespeare, etc.[15] ». Depuis 1938, Claudel et Barrault entretiennent des échanges intenses dont leur correspondance témoigne. Aussi la réponse positive du Maître ne se fait pas attendre. Elle est déjà grosse de quelques thèmes notés à la volée. Ils portent principalement sur *Macbeth* qu'il vient de voir à Orange. Ainsi procède le poète : pour penser, il a besoin d'une scène, de protagonistes, de dialogues à engager, d'oppositions à déclarer, de confrontations à provoquer, de réconciliations à harmoniser. Car il ne lui suffit pas que quelque chose se dise, il faut que quelque chose arrive. Et Claudel de conclure sa lettre d'acquiescement par ce vers tiré du *Cantique entre l'âme et l'époux* de saint Jean de la Croix, ce vers inscrit en tête de son exemplaire personnel de *Partage de midi* pour la scène : « *Entremos mas adentro en la espesura* » [Entrons plus avant dans l'épaisseur][16].

---

14 *Journal II, op. cit.*, p. 550. – Racine, *Phèdre*, acte II, scène 5, v. 705-710 : « Voilà mon cœur [...] Frappe. Ou si tu le crois indigne de tes coups, / Si ta haine m'envie un supplice si doux, / Ou si d'un sang trop vil ta main serait trempée, / Au défaut de ton bras prête-moi ton épée. / Donne ».

15 *Correspondance Paul Claudel / Jean-Louis Barrault, Cahiers Paul Claudel 10*, NRF, Gallimard, p. 270.

16 *Ibid.*, p. 271.

À 86 ans, à 6 mois de sa mort, Claudel entre donc plus avant dans l'épaisseur de Racine grâce à une *Conversation* dont une sciatique favorise l'écriture. « Le recueillement d'une clinique […] m'a permis de l'absorber, si je peux dire, comme sous pression et par tous les pores[17]. » Écrit à la hâte, l'essai constitue la dernière pièce de l'auteur du *Soulier*. Il s'y montre en effet sous son propre nom, face à lui Arcas, le confident d'Agamemnon dans *Iphigénie*, relais discret de Jean-Louis Barrault et interlocuteur par excellence en qui fusionnent toutes les voix intérieures de « Paul Claudel ». Entre Arcas et son Seigneur se noue un dialogue fondé sur un contrat : rendre hommage à Racine dont ce Seigneur occupe le fauteuil à l'Académie française, depuis 1946. Qu'il se déclare enfin pour son illustre prédécesseur ! Ce « pour » constituant une contrition (il l'a beaucoup attaqué), une réflexion (il faut argumenter) et un repositionnement. L'écrivain, promu académicien se réinscrit, non sans humour, dans la tradition classique qu'il rejetait jusqu'à ce jour.

L'hommage à deux voix débute par un acte d'allégeance. Arcas entraîne Claudel sur son terrain. Il obtient sans peine de lui toutes sortes de compliments sur son rôle de confident racinien : « Que de perte de temps vous évitez ! Quelle superbe économie grâce à vous sur l'accessoire[18] ». Mais en retour, le confident est aspiré dans un univers qui n'est plus tout à fait le sien. Déclarée indispensable, la réplique d'Arcas réalise, par un glissement de son usage, un des motifs les plus chers au poète Claudel. Elle agit « comme un reflet évocateur, que chacun de nous au moment voulu a besoin de se procurer hors de lui-même ! de me permettre, si je peux dire, de m'habiller de mon écho[19] ! » À Arcas est attribué l'effet du mur associé autrefois aux montagnes du Dauphiné entourant le compositeur Berlioz. « Un mur. Mais sans moi est-ce qu'il y aurait un écho ? et s'il n'y avait pas d'écho, que ferait un poète, que ferait un musicien pour interroger sa propre voix[20] ? » L'écho est un des ressorts de la dramaturgie claudélienne, qu'il surgisse sous l'aspect d'une Ombre double, d'une *Cantate à trois voix*, d'un *Échange* à quatre personnages, ou d'un dialogue avec un Vase d'encens. Le poète le réclame aussi du public, si ce dernier l'ignore, comment pourrait-il rebondir et poursuivre ?

Avoir Arcas pour interlocuteur, entendre à travers lui résonner sa propre voix est une chance qui présente un risque : dire de Racine ce qu'on porte en soi-même. Or Claudel veut le saisir – enfin – par

17 *Conversation sur Jean Racine*, *Œuvres en prose*, *op. cit.*, p. 448.
18 *Ibid.*, p. 449.
19 *Ibid.*, p. 449.
20 « Hector Berlioz », *Œuvres en prose*, *op. cit.*, p. 376.

ce qui lui résiste absolument, son altérité. Ce qui exclut et le rejet et l'assimilation entre lesquels il oscille. Aussi convoque-t-il Shakespeare. Un tiers de la *Conversation sur Jean Racine* est occupé par *Macbeth*. Claudel admire énormément ce drame resserré, pôle génial de motifs et thèmes découverts à vingt ans. C'est à cet âge en effet que le jeune dramaturge a traduit mot à mot tout Shakespeare, pour se l'incorporer. Au point que son *Tête d'Or* de la même époque (1889) en est saturé. Le rappel de Shakespeare sur la scène de la *Conversation* engage un défi. Face à lui, Racine sera moins commenté que mesuré à travers une série de comparaisons, ouvrant à Claudel et Arcas la possibilité d'un choix. Ou plutôt de son renversement. « Quand je suis sorti du lycée, je suis sorti avec un bagage complètement négatif, c'est-à-dire que je rejetais violemment tous ce qu'on avait essayé de me mettre dans la tête. Et puis alors, quand je me suis livré à moi-même, je me suis d'abord jeté sur Shakespeare[21] », rappelle Claudel dans ses *Mémoires improvisés*. La *Conversation* tardive va rétablir un certain équilibre.

« Il n'y a pas de confidents dans Shakespeare[22] ». À elle seule, la protestation naïve placée dans la bouche d'Arcas est un « sésame ouvre-toi ». En vieux routier du théâtre, Claudel est plus attentif à ses ressorts concrets qu'à ses définitions abstraites. L'absence de confidents a des conséquences pratiques qui lui ouvrent, d'un coup, l'accès à deux visions antagonistes. Chez Shakespeare, pas de confidents donc pas d'explications. « *It just happens* ! [...] Ce n'est pas un drame, c'est des événements à la file qu'on vous invite à regarder. Le rideau tombe pour vous avertir que c'est fini[23] ». À l'inverse chez Racine « Quelque chose a été tiré au clair. On s'est expliqué, comme vous dites. La question a été vidée, le débat a été vidé. Le parterre a eu son compte, il est content[24] ». S'expliquer vaut aussi pour soi-même. La scène racinienne est une arène, éclairée par la conscience. Dans *Britannicus* « la métamorphose de Néron, cette progression du mal dans une âme pervertie, nous sont exposées avec une lucidité et une puissance dignes de Tacite[25] » déclare Claudel avec admiration. La scène shakespearienne communique avec les rêves, « Or dans les rêves la conscience morale est paralysée, la résistance abolie[26] ». Dans *Macbeth*, drame somnambulique, il y a, par exemple « ces deux olibrius

---

21 *Mémoires improvisés* (1954), Gallimard, *Cahiers de la NRF*, 2001, p. 38.
22 *Conversation sur Jean Racine, op. cit.*, p. 449.
23 *Ibid.*, p. 450.
24 *Ibid.*, p. 450.
25 *Ibid.*, p. 456.
26 *Ibid.*, p. 452.

écossais, le guerrier et sa femmele, sortis on ne sait d'où, qui passent de la vertu au crime sans aucune espèce d'objection ni de transition[27] ».

Balancée entre rêve shakespearien et conscience racinienne, entre « un conte dit par un idiot, plein de vacarme et de furie, ne signifiant... rien » et cette « passion d'intelligence dans les délices », entre le débordement magnifique des images et la « ligne haricot » comme l'appelle comiquement Arcas, la *Conversation* chemine mais aussi avance. Elle va vers un choix qui s'impose à la mi temps comme allant de soi : « Et tant plus j'aime l'un, tant plus je préfère l'autre[28] ». Claudel a renoué avec Racine grâce au Shakespeare de sa jeunesse : « Ah ! ce sacré vieux Will, comme je l'aime ! Vous pas[29] ? » De leurs oppositions, il tire une préférence qui place Racine d'autant plus haut que Shakespeare est si grand.

Mais pourquoi Racine le dépasse-t-il ? Ce n'est pas seulement une affaire de goût. La réponse n'est pas à trouver du côté du retour au classicisme d'un Claudel vieillissant. Elle se construit en fonction d'une exigence de sens que Racine satisfait, avec ses moyens dramatiques propres qui ne sont pas ceux de l'auteur du *Soulier de satin*. Une époustouflante digression sur l'atmosphère dans *Macbeth* permet au poète de justifier une des raisons de sa préférence. Et de nous donner à entendre les fameux coups contre la porte du château de Northumberland. « Oserai-je vous dire que c'est autour de ces coups de bélier – ceux que Victor Hugo entendait presque chaque nuit dans sa maison hantée de Guernesey – que s'est construit tout le drame dans la pensée de Shakespeare[30] ? » L'unité de conception caractérise « toute grande entreprise poétique », dont Claudel a dit qu'elle « s'arrange autour de la touche-mère[31] ». Dans *Macbeth*, l'unité se réalise par une certaine qualité sinistre de l'atmosphère. Chez Racine aussi parfois. La fin de *Phèdre*, rappelle Arcas, s'exprime par un « couple alexandrin qui peut sonner comme un glas, comme l'inscription de la fatalité[32]. » Écoutons, pour mémoire, les paroles de l'agonisante : « Et la mort, à mes yeux dérobant la clarté, / Rend aux jours, qu'ils souillaient, toute sa pureté. » Un même destin écrasant pèse sur le couple criminel de Macbeth, comme sur la pauvre Phèdre. Ce qui les distingue est affaire d'horizon. « Lady Macbeth, c'est l'âme humaine, privée de cette lumière sacrée qui illumine tout homme

---

27   *Ibid.*, p. 456.
28   *Ibid.*, p. 453.
29   *Ibid.*, p. 453.
30   *Ibid.*, p. 451.
31   « Homère "Sur L'Odyssée" », *Œuvres en prose, op. cit.*, p. 406.
32   *Conversation sur Jean Racine, op. cit.*, p. 453.

venant au monde et à laquelle supplée mal ce lumignon funeste qui tremble dans sa main, la nuit s'est faite ! Elle a perdu ses repères, elle ne sait plus où elle est[33]. » Aucun signe de nulle part, ou bien manque d'attention à ses indices, il n'y a pas de perspective, et donc pas de sens à donner aux coups du sort. À l'inverse pour Phèdre « le crime n'est pas un seuil qu'on franchit sans s'en apercevoir. » Un peu plus tard dans la *Conversation* Claudel s'écriera qu'elle va vers l'Enfer, le vrai, l'ancien, 'Celui dont le Fils de l'Homme a ouvert les portes'[34]. »

Car cette *Conversation* a sa propre pente, celle d'une christianisation du destin, par le biais de la prescience que Racine prêterait à des personnages païens. Leur lucidité offre une prise au poète catholique. L'accès au monde du sacrifice et du péché devient possible. Oui, « Phèdre est une chrétienne [...], Hippolyte aussi est chrétien[35] », avance Claudel à un moment de la *Conversation*. Cependant que l'échange avec Arcas l'oriente sur une autre voie qui surgit à l'occasion d'une comparaison empruntée aux dernières découvertes sur l'atome. On vient de parvenir à rompre son noyau. De cette formidable avancée de la science, Claudel tire l'image qui fonde la radicale altérité expressive de Racine. « Toute son œuvre n'est qu'une série d'expériences sur le cœur humain. Toutes les attaques possibles sur le noyau ! De quel art combinées ! D'expériences cruelles ! aussi cruelles qu'on le pourra ! Jusqu'au bout ! Jusqu'à la gauche ! que ça crie ! que l'âme crie ! que la chair crie ! De quel œil avide et plein de larmes on le devine [Racine] qui regarde ça[36]. » C'est Arcas qui parle ici.

Quel enthousiasme pour cette entreprise nucléaire dont les conséquences vont être tirées une à une. Le noyau, c'est l'amour « ce diamant essentiel [...] ce moteur sacré du personnage immortel bon gré mal gré que nous constituons[37] ». Dans son œuvre, Racine prendrait donc acte de la volonté divine. L'homme y est à l'image de Dieu, puisque l'amour est à la source de sa vie. Non seulement Claudel ne proteste pas contre la férocité des épreuves auxquelles on soumet celui-ci, mais cette férocité lève ses dernières objections. Racine manquerait de force ? Au contraire, « l'essieu crie et se rompt » dit le poète citant *Phèdre*, et Arcas de conclure « en se rompant il dégage de l'énergie, de quoi suffire à une tragédie en cinq actes et en vers[38] ». Aux « faux départs et assauts de nobles

---

33 *Ibid.*, p. 452.
34 *Ibid.*, p. 463.
35 *Ibid.*, p. 463.
36 *Ibid.*, p. 455.
37 *Ibid.*, p. 454.
38 *Ibid.*, p. 455.

sentiments » déplorés en 1935 à propos de *Bérénice*, succède en 1954
l'éloge de la situation bâtie par « la convergence de propositions amenées
des régions les plus diverses[39] ». « Titus aime Bérénice qui l'aime aussi,
mais Rome est là qui ne veut pas. » Chez Racine, la nécessité commande.
Pas un fait qui ne soit rapporté à ses causes par la raison, afin d'être
discuté sur scène au travers du « plus sévère des corps à corps. » Seul
écueil restant à surmonter, le vers : « Niez l'ennui insoutenable, niez la
monotonie de ces homophonies, et de ces alternances que je compare,
si douloureuses pour l'œil et pour l'attention, à celle des vides et pleins
dans une palissade interminable[40] ».

Il est vrai que Claudel s'est forgé un autre instrument dès l'époque
de *Tête d'Or*. Dans une lettre de 1891 à Albert Mockel, il en donne cette
description admirable : « Rien ne m'a paru plus beau que la parole
humaine ; c'est pourquoi je l'ai étalée sur le papier, rendant visibles les
deux souffles, celui de la poitrine et celui de l'inspiration. J'appelle VERS
l'haleine intelligible, le membre logique, l'unité sonore constituée par
l'ïambe ou rapport abstrait du grave et de l'aigu[41] ». Le vers de Racine
obéit à une autre nécessité. Sera-t-il enfin accepté par le poète du rythme
primitif repris par l'ïambe ? Eh bien oui ! Car chez Racine, le rythme
est mis au service de l'explication. On ne cesse de se mesurer, comme
le français le dit si bien. D'où l'emploi du vers alexandrin, jugé parfaitement adéquat. « Qu'est autre chose le couple alexandrin que la pensée
qui à chaque pas se mesure et se compare à elle-même ? Qui reprend,
dans un avancement dont le *tempo* est un élément de beauté, équilibre
comme d'un pied sur l'autre ? et se procure d'elle-même à elle-même
une conscience enrichie[42] ? »

Dans son essai de 1925, Claudel tâtonnait à propos des vers de Racine.
Trente ans plus tard, il précise ses intuitions et leur donne une forme
aboutie, fondée sur une compréhension profonde de sa dramaturgie.
Reste le plaisir de réciter quelques vers, dans le cours nonchalant de
l'échange qui se poursuit. Fini les désaccords ! Tous les aspects de la
prosodie racinienne, de ses sortilèges, sont relevés en passant : le *e* muet
et ses usages, la mesure « cette balance exquise », l'art de « frapper et
séduire », « quelque chose que j'appellerai la détonation de l'évidence »,
« cet accord intime de la pensée et du sentiment », l'expression de

---

39   *Ibid.*, p. 455.
40   *Ibid.*, p. 457.
41   *Tête d'Or et les débuts littéraires, Cahiers de la NRF*, p. 140-141.
42   *Conversation sur Jean Racine, op. cit.*, p. 457.

l'essence, par le demi-mot, « l'archet » du vers : « C'est l'allongement racinien, l'âme dans toute sa longueur qui se tend ». Je m'arrête, car mon commentaire risque de s'achever dans la paraphrase.

La *Conversation* aussi pourrait s'arrêter sur cette note harmonieuse. Or contre toute attente, Claudel la relance sur une autre voie. Il s'agit de *Phèdre*. « Autant Racine est au-dessus de tout ce que vous pouvez lui comparer, autant *Phèdre* est au-dessus de Racine[43]. » Claudel y revient, comme mû par le désir de pousser plus loin son investigation. Et il est vrai qu'il avait encore des choses à dire. Restait par exemple en suspens cette étonnante note de 1946 qui supposait, à partir d'un possible pas esquissé par Hippolyte en direction de l'épouse de Thésée, une sorte d'attirance. Voici l'hypothèse enfin justifiée par cette plainte exhalée par Hippolyte, en présence de Théramène, à l'acte II, scène 6. « Je ne puis sans horreur me regarder moi-même ». Hippolyte se sentirait-il coupable ? C'est la conclusion que Claudel semble tirer, alors même qu'il vient de peindre son héros sous un jour absolument sans tache. « Hippolyte, sous le voile païen, j'y vois un martyr de la pureté, comme une des ces hautes figures du martyrologue avec qui je faisais connaissance autrefois dans *la Vie des Saints* d'Alban Butler[44] ». Il y a là une contradiction dont le poète n'a pas conscience. Comme si sa pensée lui échappait. Et elle lui échappe en effet lorsqu'il dit : « Vous comprenez ? C'est gênant pour nous aussi à regarder, ce vertueux Joseph, qu'une Putiphar brûlante de tous les feux de la luxure refoule, accule, contre le mur. Si l'on imaginait plutôt une espèce de connivence, une attraction involontaire[45]... » Quel extraordinaire retournement ! D'autant plus extraordinaire que l'imagination du poète est à l'œuvre, prenant le relais d'une raison qui pense le contraire. Or son imagination exige d'Hippolyte une compromission. Involontaire bien sûr, car ce qui se joue relève du Ça. On pourrait s'étonner que j'emploie ce terme qui fait le fond de commerce des analystes, mais Claudel l'emploie aussi. Un peu plus haut dans la *Conversation*, il l'applique aux chercheurs de l'atome, poussés « par le besoin de ce qu'à défaut de tout mot profane nous appellerons ÇA, ÇA en lettres capitales qui les dévorait [...], et qui tirait d'eux d'immenses réserves et ressources de science[46] ». En Racine aussi existe le Ça, Claudel l'a reconnu en termes voilés : « Tout le secret du

43 *Ibid.*, p. 453.
44 *Ibid.*, p. 464.
45 *Ibid.*, p. 465.
46 *Ibid.*, p. 455.

langage de Racine est là. La raison y règne. Rien n'y manque de ce qu'on appelle l'art de persuader. Mais en dessous et avec il y a autre chose[47] ». Évoquant, au tout début, la mauvaise conscience de Shakespeare sans laquelle ce dernier n'aurait pu concevoir l'horreur de *Macbeth*, il avait ajouté : « Racine lui-même[48]… », sans oser aller plus loin.

Mais en cette fin de *Conversation*, le poète y va, poussé par une inspiration irrésistible. Son imagination a pris les commandes. Il voit Phèdre et Hippolyte se rapprocher jusqu'à l'étreinte folle. « Ce corps à corps des amants ne fût-ce qu'une seconde dans l'impossibilité[49] », est-ce une nouvelle esquisse de l'Ombre double du *Soulier de satin* ? Si proche de la mort, Claudel revisite-t-il son drame personnel ? On ne peut qu'y penser…, encore que son élan l'emporte vers une autre fin, bouleversante, sur laquelle s'achèvera sa méditation. « Le drame humain, vous le sentez comme moi, n'est pas complet, tant qu'un élément surhumain ne vient pas s'y mêler[50] ». Le Monstre, celui de l'Apocalypse, convoqué un peu auparavant, dans le contexte d'une lecture chrétienne de *Phèdre*, a disparu. La porte s'est ouverte sur les divinités païennes de la tragédie grecque. Le poète les connaît bien pour avoir traduit l'*Agamemnon* d'Eschyle à l'époque (1894) où il travaillait à la deuxième version de son *Tête d'Or*. Mais qui le pousse à ouvrir cette porte ? Celle dont la présence était soupçonnée en 1943, dans le court passage de son commentaire du *Cantique des cantiques* consacré aux inspirés, je veux dire Camille Claudel. « Ce qui rend le drame poignant, parce qu'il n'est pas seulement celui de Phèdre, mais celui de Racine, est la question qu'il pose à la conscience de tout inspiré, victime à la fois et complice d'une puissance inconnue, ambivalente et suspecte[51]. » Parce qu'il est tombé dans le piège d'une attirance pour Phèdre, Hippolyte communique avec cette puissance dont l'épouse de Thésée est la victime exemplaire, avec bien d'autres venus la rejoindre à l'appel du poète très ému : Poe, Baudelaire, Nerval, et cette sœur longtemps refoulée qui clôt sa liste sinistre.

Leur sort commun est scellé par la protestation de la prophétesse Cassandre que Claudel cite dans sa traduction. « Apollon ! Apollon ! Dieu de la porte ! mon Apollon de mort ! Tu m'as perdue ! […] Allez et soyez maudits ! voilà ma gratitude pour vous ! » Qu'en conclure ? sinon – avec Eschyle et avec Racine – que l'inspiration est un risque.

---

47 *Ibid.*, p. 461.
48 *Ibid.*, p. 451.
49 *Ibid.*, p. 466.
50 *Ibid.*, p. 466.
51 *Ibid.*, p. 466.

Ceux qu'elle emporte vers l'amour ou vers la création, nous disent-ils, le paient parfois de leur vie. La *Conversation* s'achève une première fois sur le visage effrayant de la Gorgone « celui que ma sœur à la fin de sa vie consciente aussi a vu se réfléchir dans le bouclier de Persée ». Tandis que dans une seconde conclusion développée en note, Claudel revient sur ce qu'il vient de dire, comme s'il en était trop effrayé, au profit d'une réflexion plus orthodoxe.

> Depuis ma conversion, depuis que m'est tombé sous les yeux le chapitre VIII des *Proverbes* (Épître de l'Immaculée Conception), je n'ai cessé de voir dans la femme une image (ou une caricature) de la Sagesse divine. Mais la Sagesse divine repoussée par les hommes (Évangile des Noces) n'est-ce pas Cassandre qui n'obtient la voix de personne, n'est-ce pas Phèdre et toutes les femmes avec elles qui n'obtiennent de l'homme qu'un contact précaire et fugitif[52] ?

Marie-Victoire NANTET

---

52   *Ibid.*, p. 467.

THÉÂTRE

UNE NOUVELLE MISE EN SCÈNE
DE *PARTAGE DE MIDI*

Créée du 5 au 19 octobre 2018 au Théâtre National de Strasbourg, la mise en scène d'Éric Vigner a été donnée ensuite à la Comédie de Reims (13 au 15 novembre) et au Théâtre National de Bretagne à Rennes (du 12 au 19 décembre), avant d'être présentée à Paris, au Théâtre de la Ville (Théâtre des Abbesses), du 29 janvier au 16 février 2019.

Si, depuis l'écriture de sa première version en 1905, *Partage de Midi* a tardé à être porté sur scène[1], la création de sa seconde version par Jean-Louis Barrault en 1948 a été suivie d'un nombre considérable de mises en scène, en France comme à l'étranger[2]. En France, les plus notoires furent certainement celle de Roland Monod en 1958 (avec Antoine Vitez et Madeleine Marion); puis, en 1975, celle de Vitez lui-même (avec Ludmilla Mikaël, Patrice Kerbrat, Michel Aumont et Jérôme Deschamps); enfin, plus récemment, en 2007, celle d'Yves Beaunesne (avec Marina Hands – qui succédait ainsi à sa mère, Ludmilla Mikaël –, Éric Ruf, Hervé Pierre et Christian Gonon). Ces deux dernières mises en scène ont été particulièrement appréciées : celle de Vitez, notamment pour la qualité de la diction et l'utilisation de la lumière[3]; celle de Beaunesne, par la tension qu'elle traduisait, « comme au retour d'une plongée au cœur d'une matière en fusion[4] ». La tâche s'avérait donc ardue pour Éric Vigner, metteur en scène essentiellement connu pour ses créations d'œuvres de Marguerite Duras, depuis sa mise en scène de *La Pluie d'été* en 1993, prolongée, dans une véritable filiation artistique, avec *Savannah Bay* et *La Bête dans la jungle*. Mais cet homme de théâtre complet, metteur en scène, acteur et scénographe, qui a dirigé le Théâtre de Lorient de 1996 à 2016, et qui, reprenant sa Compagnie Suzanne M, a travaillé à l'international (notamment

---

1   Voir à ce sujet le chapitre « Mises en scène » de la *Notice* établie par Gérald Antoine dans son édition de la pièce en « Folio-Théâtre », Gallimard, 1994, p. 286-287.

2   En particulier, Liv Ullmann, la célèbre interprète de nombreux films d'Ingmar Bergman, a choisi *Partage de Midi* pour sa première mise en scène, à Oslo en 1999.

3   Adélaïde Jacquemart-Truc a présenté cette mise en scène au cours du colloque « Paul Claudel résolument contemporain », le 21 septembre 2018.

4   Odile Quirot, *Le Nouvel Observateur*, avril 2007.

avec *Lucrèce Borgia* de Hugo en 2017 à Tirana), a été très tôt en contact avec l'œuvre de Claudel. Dès 17 ans, il a lu *Partage de Midi*, très ému, mais sans comprendre (« Il ne faut pas comprendre, il faut perdre connaissance », dit Ysé). Puis il est entré au Conservatoire avec des scènes de cette pièce, et en est sorti avec des scènes du *Pain dur*, jouées avec Valérie Dréville, qui travaillait alors sur *Le Soulier de Satin* de Vitez. En 2014-2015, Éric Vigner a entamé une trilogie liée aux rites d'amour et de mort à partir du mythe de Tristan et Yseult, avec son premier opus, écrit et mis en scène par lui, *Tristan* (édité aux Solitaires Intempestifs en 2015), inscrivant les deux amants dans la réalité contemporaine, en « un joyeux fourre-tout foutraque », selon le critique Jean-Pierre Thibaudat. Éric Vigner poursuit donc à présent ce cycle avec *Partage de Midi*, illustration du milieu de la vie, après la jeunesse de Tristan, avant de le clore avec *Le Vice-Consul* de Marguerite Duras, où l'on retrouvera un quatuor sous forme de fantômes. En effet, la pièce de Claudel lui semble propre à « nous plonger dans le mystère de la création, de l'amour, de la mort, et où l'auteur fait de la femme une héroïne mythique[5] ».

Ce qui frappe le plus dans cette mise en scène, c'est l'émotion que suscitent les épreuves humaines que traversent les personnages. C'est évidemment lié à l'aspect autobiographique de la pièce, sur lequel Éric Vigner entend particulièrement insister. « Vous savez que je fais un drame qui n'est autre que l'histoire un peu arrangée de mon aventure », écrivait Claudel à Francis Jammes le 19 septembre 1905[6]. Quand le dramaturge commence à écrire la pièce, il a déjà « vécu » les deux premiers actes (le long voyage en paquebot, puis la découverte de l'amour), et il est en train de vivre « le cauchemar de l'absence », comme Mesa à l'acte III. Pour bien faire comprendre cette douleur, Éric Vigner ouvre le spectacle en donnant à entendre la longue adresse de Mesa à Ysé à l'acte III : dans la nuit, le jeune homme apparaît et s'adresse au « fantôme » de la femme aimée dans une longue litanie de questions sans réponses (pages 132-133 de l'édition Folio-Théâtre de Gérald Antoine). Il était alors évident de choisir la première version du texte, plus proche de l'expérience initiale, partant, plus brute et violente. La douleur n'apparaît pas seulement dans l'amour trahi pour Mesa-Claudel ; c'est aussi celle du refus de Dieu qui lui a été intimé, et qui lui interdit la possibilité de l'absolu. Dès lors, ce double refus si crucial peut-il aboutir à autre chose qu'à la mort ? Mais

5 Éric Vigner, Entretien réalisé par Fanny Mentré le 16 mars 2018 au TNS. Toutes les autres citations d'Éric Vigner qui suivent sont extraites de cet entretien.
6 Correspondance avec Francis Jammes et Gabriel Frizeau, Gallimard, 1952.

Éric Vigner fait comprendre que, pour Claudel, comme pour Rimbaud ou Mallarmé, la mort « n'est pas vécue comme une chose triste. Elle est exaltée », ce qui rejoint le mythe de Tristan et Yseult. En fait, foi et amour se rejoignent pour signifier que l'absolu ne peut exister sur terre.

Une autre trace autobiographique se manifeste dans l'atmosphère orientale du spectacle. À cet égard, dans la trilogie d'Éric Vigner, s'établit un lien entre Claudel qui a vécu en Chine, et Marguerite Duras, qui a grandi en Indochine. Ici, la Chine est subtilement suggérée par certaines attitudes des acteurs (les déplacements ondulés d'Ysé à l'acte II lui donnent des allures de poupée chinoise), mais surtout par les sonorités, en particulier à l'acte III où l'on entend en sourdine de la musique et des chants du théâtre chinois, mêlés aux bruits d'une insurrection qui rappelle la guerre des Boxers en 1901. Plus profondément, Éric Vigner considère *Partage de Midi* comme une pièce orientale « dans le sens où il faut que quelque chose se vide pour que quelque chose se remplisse à nouveau », à l'image du mouvement vivant de l'océan sur lequel les personnages voguent au début : « Je respire le texte, précise-t-il, avec ces mouvements qui ne sont pas linéaires, mais bien un parcours de sensations physiques, kinesthésiques ». En outre, dans la culture orientale, le rituel lié à la mort est très présent, et le metteur en scène estime que dès le début de la pièce, les personnages pressentent qu'ils vont vers l'au-delà, l'inconnu, dans une sorte de voyage au bout de l'enfer : « Ce sont des êtres de chair et de foi qui crient en direction de Dieu sans obtenir de réponse. Ils portent en eux une vision inconsciente qui les dépasse, d'un monde qui va à sa perte, d'une forme d'apocalypse ».

Cette dimension se traduit dans le décor, qui, n'obéissant pas aux indications scéniques du texte, récuse le réalisme, au profit d'une ambiance « orientalo-funèbre ». Ainsi l'acte I, qu'Éric Vigner considère comme une « antichambre de la mort », ne se situe pas nettement sur un bateau. La cage de scène, qui accentue une volonté de verticalité, avec au fond un haut mur en briques et la statue gigantesque d'un marin pointant une longue vue vers le public, présente de rares objets qui témoignent, « à la manière des ex-votos » de l'histoire des protagonistes : quelques malles, un autel païen autour d'une idole naïve, un gong évoquant également le soleil, une lumière comme celle du phare de Minnicoï, cet îlot situé à l'exact milieu de l'Océan Indien, auquel Ysé fait allusion (p. 55). L'acte II suggère plus concrètement la mort qui se rapproche : le cimetière de Hongkong n'apparaît pas mais se devine derrière un rideau de bambou dont le bruissement évoque « des fantômes invisibles autour des personnages », rideau déjà présent dans le premier volet de la trilogie d'Éric Vigner, *Tristan*. L'acte III porte la marque de l'Oméga, avec un cadre d'inspiration chinoise semblable à celui que l'on trouve « à l'entrée des chambres nuptiales et dans les formes des tombes du cimetière des Parsis à Hongkong ». Quant aux costumes, ils marquent la fin du XIXᵉ siècle, obligeant les personnages, par leur raideur, à une posture dont ils voudraient se libérer ; ils laissent aussi parfois percer une influence orientale, notamment avec la robe d'Ysé à l'acte II, ressemblant à celle d'une poupée de théâtre chinois.

En ce qui concerne l'interprétation, Éric Vigner a voulu former un véritable quatuor interdépendant : « Quatre corps, quatre voix, quatre êtres singuliers qui partagent un même texte ». La diction se fonde naturellement sur la respiration du vers libre, faisant vibrer un parler-chanter qui ne sombre jamais dans la déclamation. Chaque acteur personnalise cependant sa voix : les répliques de Mesa claquent nettement, alors que celles d'Ysé sont plus mélodieuses. La gestuelle se caractérise par une sobriété d'ensemble, à quelques exceptions près, particulièrement réussies : à l'acte II, lorsque Mesa et Ysé s'offrent l'un à l'autre, leurs deux interprètes évoluent en une lente chorégraphie qui sublime leurs paroles. Ces approches corporelles ne vont pas sans un certain érotisme, revendiqué par le metteur en scène, pour qui la voix est « l'expression du sentiment à travers le corps ». À cet égard, deux passages sont explicites, trop peut-être : à la fin de l'acte II, Ysé déboutonne la chemise de Mesa qui révèle son torse, et à l'acte III, les deux personnages apparaissent demi-nus.

Si l'ensemble est cohérent, chaque membre du quatuor mérite cependant qu'on s'arrête à lui. Éric Vigner a choisi quatre interprètes avec lesquels il avait déjà travaillé, ou a été en complicité. Mathurin Voltz, qui a joué dans la reprise de *Tristan* au Théâtre de Gennevilliers en 2017, compose un De Ciz à double face : à l'acte I, vêtu négligemment et tatoué d'un serpent-dragon, il joue à l'homme-objet, apportant à Ysé la chaise-longue qu'elle réclamait mais sur laquelle lui-même s'étend, en témoin muet ; puis à l'acte II, habillé en homme d'affaires, il se montre très ferme dans sa décision de partir. Alexandre Ruby (Amalric), ex-élève du TNS, était le roi Marc du *Tristan* d'Éric Vigner ; il fait bien ressortir la cassure de son personnage de trafiquant brisé par la vie, mais guidé par sa foi dans le recommencement, en laissant apparaître une certaine fragilité derrière la brutalité de ce voleur de femmes. L'interprète d'Ysé, Jutta Johanna Weiss, qui sait jouer aussi bien dans sa langue maternelle, l'allemand, qu'en anglais et en français, a également travaillé non moins d'une huitaine de fois avec Éric Vigner depuis sa mise en scène de *Marion de Lorme* de Hugo en 1998. Elle garde de ses origines un léger accent étranger qui correspond bien à Ysé l'étrangère (et qu'Antoine Vitez avait souhaité aussi dans sa mise en scène). Peut-être parce qu'elle a fait ses armes à l'étranger (USA, Russie, Angleterre), Jutta Johanna Weiss réussit à faire d'Ysé une « guerrière », ainsi que la qualifie Amalric. Mais elle sait moduler les diverses autres facettes de l'héroïne : si elle paraît peut-être trop peu femme fatale au début, elle sait ensuite jouer la séduction, voire la domination, pour terminer en quasi-fantôme avec ses « grands cheveux déchaînés dans le vent de la Mort ».

Enfin, c'est le directeur du Théâtre National de Strasbourg, Stanislas Nordey, qui incarne Mesa. Éric Vigner, qui le connaissait depuis long-temps, a pu enfin réaliser son désir de travailler avec lui, et dans un rôle qui lui convenait particulièrement : « L'art poétique de Stanislas, dans la passion de la parole "dite", rencontre la parole de Claudel avec une forme d'évidence ». L'acteur, qui est aussi metteur en scène, acteur et pédagogue, a bien voulu s'expliquer en commentant son travail.

ALAIN BERETTA : C'est la première fois que vous travaillez sur Claudel ?

STANISLAS NORDEY : Presque, car je n'ai monté que *Jeanne d'Arc au bûcher* en 2003 au Festival dans la Ruhr. Ce n'est pourtant pas l'envie qui me manquait de me colleter à lui, et j'ai conçu plusieurs projets, mais qui ont tous avorté. Au début des années 2000, je voulais monter *Le Soulier de satin*, mais Olivier Py l'a fait avant moi. En 2013, j'envisageais de présenter *Tête d'Or* dans la Cour d'honneur du Palais des papes : nouvel échec. Je me suis alors penché sur *Partage de Midi*, que j'aurais monté avec Emmanuelle Béart, qui m'accompagne régulièrement dans mon travail depuis ma mise en scène des *Justes* de Camus en 2010 : en vain. Aussi, quand Éric Vigner m'a proposé de jouer Mesa dans son spectacle, j'ai accepté aussitôt avec enthousiasme.

A. B. : Comment Éric Vigner vous a-t-il dirigé ?

S. N. : Pour résumer son talent d'orienteur, plutôt que de directeur d'acteur, je dirais que c'est un ingénieur des sens : c'est-à-dire qu'il sait creuser le texte en cherchant souvent ce qu'il y a derrière le sens premier d'un mot, parfois même en évoquant son paradoxe. Dès lors, l'imaginaire de l'acteur peut aisément s'ouvrir : on est toujours à la frontière du réel.

A. B. : Vous a-t-il particulièrement fait travailler la diction ?

S. N. : Il a insisté sur l'importance de sa netteté, afin qu'aucun mot du texte n'échappe à l'oreille du spectateur, et il a banni un lyrisme déclamatoire. Le véritable lyrisme ne consiste-t-il pas à dire un superbe texte le plus simplement du monde ? Ce n'est pas parce qu'on rend les choses concrètes qu'on occulte leur beauté.

A. B. : Quelle est votre vision de Mesa ?

S. N. : C'est avant tout un homme qui souffre, mais pas un saint. Il souffre du refus de Dieu envers lui, et surtout de la trahison d'Ysé. Comment le traduire mieux que lorsqu'il dit, à l'acte III (passage qu'on entend au début du spectacle) :

C'est vrai, j'ai désiré de désir que tu partisses ! J'étais faux et tu l'as deviné,

Et j'ai vu que je ne pouvais me passer de toi, et tu es mon cœur, et mon âme, et le défaut de mon âme,

Et la chair de ma chair, et je ne puis pas être sans Ysé.

C'est certainement de tels passages qui font dire à de jeunes spectateurs que j'ai entendus : « On a l'impression que ça a été écrit hier ».

A. B. : Ayant enfin mordu à Claudel, vous ne le lâchez plus ?

S. N. : Je vais effectivement mettre en scène *Le Soulier de satin* en version opéra. J'ai l'habitude de monter des opéras [Stanislas Nordey a obtenu notamment en 2008 le prix Laurence Olivier Awards à Londres pour *Pelléas et Mélisande*], et cette pièce exceptionnelle s'y prête particulièrement bien. Rendez-vous donc, en principe, à l'Opéra-Bastille au printemps 2021.

Alain BERETTA

L'ÉCHANGE

Sous une pluie crépitante et soudaine apparaît d'abord un *no man's land* où la nuit s'étend encore. Dans cet espace, le sable au premier plan annonce la mer. L'impression d'avoir sous les yeux un lieu vaste, illimité, est ainsi donnée au spectateur. Plus tard, le grand ciel étoilé accentuera cette impression.

Un seul accessoire : un tabouret sans importance.

Montée de la lumière, c'est l'aube et Marthe surgit de l'ombre avec Louis Laine. Elle, toute en retenue et immobilités successives, lui tout en mouvement, dans une sorte de danse sacrée, hymne à la lumière et aux éléments.

Ainsi commence, dans la mise en scène épurée, exemplaire, de Christian Schiaretti, l'acte I de cette première version de *L'Échange*. Oubliée ici la symbolique obscure de *Tête d'Or*, ou le foisonnement des personnages de *La Ville*. Est-ce le travail de traducteur de Claudel sur l'*Agamemnon* d'Eschyle qui l'amène à concevoir cette épure classique d'une pièce qui commence à l'aube et s'achève au crépuscule dans le même endroit (« *qu'en un jour, en un lieu, le théâtre rempli…* ») ? Mais il ne s'agit pas chez lui d'un retour aux règles, mais d'une recherche de l'intensité que confère au drame ce resserrement. Et le nombre restreint de protagonistes évoque aussi le théâtre grec.

Classique donc, mais plus encore symboliste, au sens plein du terme, sans la surcharge décorative qu'implique parfois cet adjectif en poésie, ou sans l'abus de figures allégoriques que l'on trouve dans les pièces jouées chez Lugné-Poe au théâtre de l'Œuvre à la fin du XIXe siècle. Symbolisme incontestable puisque chaque personnage, comme l'a dit Claudel lui-même, incarne le poète dans toute la complexité de sa nature. Ivresse puisée chez Rimbaud, folie de l'illusion et du théâtre, mais aussi solides racines paysannes et sens du réel. Deux hommes deux femmes qui nouent des liens entre eux comme les quatre parts du mythe platonicien qui constituaient l'homme à l'origine et désormais séparées se cherchent pour reformer l'unité première. Mais ici les deux versants sont irréconciliables, le réel incarné par Marthe et Thomas ne peut durablement rester soudé à l'irréel et au mensonge.

Comment traduire cela sur la scène ? D'abord par le choix des acteurs. Louis Laine est sans doute le plus convaincant dans ce rôle de tous ceux qu'on a pu voir dans le passé. Il n'est pas anodin qu'un acteur noir incarne le métissage du personnage demi indien. Différence qu'il traduit dans sa danse quasi permanente, une danse où les bras grands ouverts, il tâche d'enserrer le monde, ciel, terre et mer, et de se fondre en lui. Toujours en mouvements, en bondissements et jaillissements inattendus. Le comédien Marc Zinga porte à incandescence la folie de Laine et sa mauvaise foi, et ses contradictions. Car il est aussi un mauvais garçon, voleur, escroc, sans foi ni loi, et pourtant attachant.

Léchy, admirablement incarnée par Francine Bergé, offre successivement au public la mauvaise foi d'une actrice qu'un simple caprice a amenée à jeter son dévolu sur cet autre simulateur, et la passion possessive d'une femme vieillissante sur cette chair fraîche, sur la faiblesse encore adolescente de Laine. Dans le vertige de sa vie et la vanité de ses jours, elle s'est attachée à sa prise, et se sent si sûre d'elle qu'elle vient narguer l'épouse légitime. Ivre, comme son amant, mais d'alcool et non de liberté ; sensuelle, mais seulement au sens charnel ; elle danse, elle aussi, les bras ouverts mais ouverts sur le vide.

Marthe, devant ces danseurs, incarne la droiture immobile ; si elle ouvre les bras, elle ne mime pas une danse, mais la croix de celle qui est éprouvée. Solide dans son choix, dans la fidélité, dans son humilité. Elle est la seule des quatre qui offre un visage unique, lisse, grave, aimant, douloureux. Elle porte en elle la sagesse paysanne, l'exigence du sillon tracé droit. Sa seule folie est d'avoir aimé et suivi ce garçon différent. À présent elle le connaît et tente de lui apprendre la voie droite. Louise Chevillotte traduit tout cela ; elle seule, par la justesse de sa plainte, émeut profondément le spectateur.

Il y a enfin Robin Renucci qui vient prendre place parmi les plus inspirés des interprètes de Thomas Pollock (notamment l'inoubliable Michael Lonsdale un soir d'Avignon). Il incarne avec retenue celui qui ayant tout gagné au jeu des affaires, accepte de perdre tout en une seule partie. Or l'homme d'affaires célèbre le don de Dieu, c'est-à-dire le dollar. Si l'on prend au pied de la lettre cet éloge, on a peine à comprendre comment le même homme peut voir brûler sa maison et les papiers qu'elle contient sans frémir. C'est là que l'interprétation de Robin Renucci est éclairante, car on voit à travers elle que cet hymne à l'argent naît de la perspective de l'emploi qu'il compte en faire à présent, et l'acteur ne donne pas à ce texte l'aspect caricatural et outré que l'on voit proposé parfois, mais une distance ironique de la part de Thomas Pollock, car cet éloge d'un instrument du réel, est aussi prononcé dans la perspective de ce dernier troc auquel il songe : permettre la fuite de Laine et libérer Marthe. Il en gomme la brutalité : « Ne me dites point que je vous ai achetée. J'ai donné de l'argent à votre mari… » Ses sentiments pour Marthe, jamais exprimés directement, se lisent à travers ses gestes. Il la prend par la taille, attitude possessive dont il s'excusera, mais qui traduit son désir, et il avoue claire-ment l'importance pour lui de cette présence silencieuse qui le retient là, à ses côtés, et, à plusieurs reprises, sa tristesse de n'être pas aimé.

Cependant le dernier geste, la main tendue et acceptée, scelle entre eux un pacte, comme le faisait pressentir le portrait qu'elle fait de lui. Quand il se plaint : « Vous ne m'aimez pas, Bittersweet », elle répond par une phrase pleine de promesses : « Voici que vous avez acquis plus que vous ne pensiez, et votre dernier achat n'est pas le pire ». Elle aussi connaît sa propre valeur et tout ce que sa sagesse et sa fidélité peuvent apporter à cet homme en qui elle admire le « commerce avec les choses réelles ». Tous deux appartiennent au même univers malgré les appa-rences. Tous deux vont enterrer le passé avec ce mort qu'il l'aide à porter, et malgré sa douleur, elle a accepté l'échange.

Il faut donc féliciter aussi le metteur en scène du choix des acteurs et du travail qu'il a fait avec eux.

On en a le témoignage dans la brochure qui accompagne la pièce : il y écrit par exemple à propos de Marthe : « nous avons favorisé la femme debout », c'est-à-dire accentué l'impression de force qui émane d'elle malgré son humiliation. Louise Chevillotte a parfaitement montré cette force. Il dit encore à propos de Thomas Pollock : « il y a en lui plus de silence que de bruit ». C'est ce qu'a réussi à traduire Robin Renucci.

Il faut aussi le louer du traitement du vers claudélien qui est respecté et servi par la diction des interprètes.

Même si nous sommes encore loin de l'immense somme théâtrale que constitue *Le Soulier de Satin*, Claudel donne ici à voir et à entendre la puissance réelle du drame symboliste. Ce qu'il écrit lui-même à propos du *Soulier*, on peut déjà le dire de *L'Échange* qui donne corps aux postulations mêlées et inconciliables qui furent les siennes : « Le drame ne fait que détacher, dessiner, compléter, illustrer, imposer, installer dans le domaine du général et du paradigme, l'évènement, la péripétie, le conflit essentiel et central qui fait le fond de toute vie humaine. Il

transforme en acte pour aboutir à une conclusion une certaine poten-
tialité contradictoire de forces en présence[1] ».

Suzanne JULLIARD

ENTRETIEN
AVEC CHRISTIAN SCHIARETTI

Après sa création au Théâtre Les Gémeaux de Sceaux dans la seconde
quinzaine de novembre 2018, *L'Échange* a été présenté avec grand succès
du 6 au 22 décembre au Théâtre National Populaire de Villeurbanne.
Son directeur, Christian Schiaretti, qui est aussi le metteur en scène de
la pièce, a bien voulu préciser sa vision du spectacle.

ALAIN BERETTA : Nous nous étions déjà entretenus en 2005 lors de
votre mise en scène de *L'Annonce faite à Marie* au TNP. En passant de
cette pièce à *L'Échange*, retrouvez-vous le même Claudel ?

CHRISTIAN SCHIARETTI : Oui et non. Je retrouve bien sûr la magnifique
étrangeté de sa langue, qui en fait notre plus grand dramaturge baroque,
et, simultanément, qui explique qu'on hésite encore parfois à le monter.
Mais, alors que *L'Annonce* est une pièce composite, que je considère à la
fois chrétienne et grecque, avec même une résonance shakespearienne,
L'Échange apparaît comme une tragédie classique respectant la règle
des trois unités : un savoureux contraste se trouve alors instauré avec
sa langue baroque, qui en fait une pièce atypique.

A. B. : Pourquoi avoir choisi *L'Échange* plutôt qu'une autre pièce de Claudel ?

C. S. : Pour trois raisons principales. D'abord quitte à paraître trop pré-
tentieux, je dois avouer que je n'ai jamais vu une bonne mise en scène
de cette pièce, même celle de Vitez. Ensuite, la première version, que j'ai

---

1   Théâtre II, « Bibliothèque de la Pléiade », Gallimard, 1956, p. 1369.

choisie, offre une beauté de langue absolue, et en tant que directeur d'un théâtre public, je me dois de faire connaître la voix d'un grand poète : c'est la pratique même de l'art dramatique, dans la lignée de Vilar. Enfin cette pièce aborde des problèmes très modernes, à plusieurs niveaux. Débarquant aux États Unis à la fin du XIXᵉ siècle, le jeune Claudel y découvre un capitalisme sauvage, qui est bien loin d'avoir disparu aujourd'hui, et, à la fois subjugué et choqué, il en fait un exposé cru, plus intéressant qu'une critique marxisante. La modernité est aussi présente dans la vision des rapports conjugaux, à une époque où l'on change si souvent de conjoint.

A. B. : Dans le Cahier du TNP nᵒ 18 d'octobre 2018 (p. 37-47), vous évoquez quatre entrées possibles, toutes égales, pour aborder votre mise en scène. Voudriez-vous y apporter quelques précisions ou éclaircissements ? Et d'abord, à propos de la première, l'entrée prosodique, comment concevez-vous la diction du vers claudélien ?

C. S. : Le fondement de ce vers si particulier, c'est qu'il fait unité de sens, dans la mesure où il correspond à un souffle engagé : « L'homme absorbe la vie et la restitue par l'expiration dans une expression intelligible », dit Claudel. Le vers doit donc être respecté dans sa typographie, mais pas forcément dans sa ponctuation, qui pourrait laisser penser par moment qu'il est coupé. Une caractéristique de *L'Échange* est que la diction peut changer d'un personnage à l'autre, voire chez un même personnage, selon l'évolution de l'action : Thomas Pollock ne parle pas de la même manière à l'acte III qu'à l'acte I. Mais ce qui doit unir la parole des acteurs, c'est le souci de faire entendre une certaine musique verbale, présente, mais pas proclamée.

A. B. : Vous insistez sur l'entrée psychologique, absolument nécessaire, dites-vous, « pour jouer et pour accroître notre capacité d'imagination concernant les arrière-plans des situations ou des personnages ». À ce sujet, comment voyez-vous le couple Marthe-Louis ?

C. S. : Ce couple métis est foncièrement scandaleux, puisqu'il s'est construit sur une opposition familiale, Louis a enlevé Marthe à sa famille française pour l'emmener sur la côte Est des États-Unis. Or, à peine arrivés, ces deux êtres en fuite s'apprêtent à repartir ailleurs, un peu comme le couple du film *Pierrot le fou* de Godard. Et c'est surtout un couple mal assorti : alors que Louis, inspiré par Rimbaud, est un voyant-voyou menteur, lâche, lascif, velléitaire, fait pour une vie solitaire, Marthe est vue comme une femme soumise, maternelle, émotive. Mais je la considère aussi très déterminée : motivée par un orgueil qui la pousse à réclamer « justice » face au ciel, au début de l'acte III, elle se manifeste comme une femme d'action témoignant d'une capacité à combattre, ce qui la rapproche plus, pour revenir à *L'Annonce*, de Mara que de Violaine.

A. B. : Et l'autre couple ?

C. S. : Lechy et Thomas sont extravagants. D'abord par le mystère qui plane autour d'eux : couple sans passé (on sait seulement que chacun d'eux a eu plusieurs vies), sans enfant (d'où, peut-être, le dévolu malsain qu'ils jettent sur leurs employés, beaucoup plus jeunes qu'eux), et sans dialogue : n'ayant aucune scène à eux deux, ils ne parlent entre eux qu'à travers les deux autres personnages.

Actrice, Lechy incarne à elle seule toutes les femmes et fonde ses actions sur le jeu. Mais un jeu dangereux, car, tel un vampire, elle voit en Louis un enjeu de régénérescence, et tel un serpent, elle devient une sorte de démon dans sa lutte avec Marthe. Thomas, lui, n'est pas seulement l'homme d'affaires qui voue un culte au dieu dollar : l'argent l'intéresse moins pour la richesse que pour la mise. Si on le transposait à notre époque (ce qui est un peu suggéré par son utilisation d'un téléphone portable), je le verrais proche des grands prêtres du numérique de la Silicon Valley, semblant omniscient et omniprésent, en tout cas pleinement lucide sur les trois autres personnages. Mais derrière cette apparence, j'entrevois une spiritualité de Thomas : il incarne, comme l'a écrit Michel Lioure, « une sagesse pratique » en écho à la « sagesse divine » de Marthe[2]. Dès lors, lorsqu'au dénouement elle et Thomas se serrent la main en silence, ce geste a non seulement une dimension psychologique et morale, mais aussi religieuse : l'évangéliste baptiste fait alliance avec la catholique.

De toute manière, les quatre personnages sont indéfectiblement liés les uns aux autres, et, comme l'a écrit Jacques Julliard, leur dissonance fait partie de l'harmonie[3] ».

A. B. : Vous exposez aussi une troisième approche, plus inattendue : l'entrée policière. Qu'entendez-vous par là ?

C. S. : Placer la pièce dans une perspective policière a contribué à mieux la mettre en jeu. À cet effet, nous nous sommes amusés à imaginer les ressorts d'un polar, qui se déploient hors scène, en échafaudant une série d'ellipses.

2   Michel Lioure, préface à *L'Échange*, Gallimard, Folio-Théâtre, 2011, p. 32.
3   Jacques Julliard, éditorial de *Marianne* du 23 novembre 2018.

D'abord, avant même que la pièce commence, apparaît une première énigme : celle des circonstances de la rencontre entre Louis et Marthe. Le couple est suspect d'une affaire d'argent louche : il a vécu sur la dot de Marthe, déjà épuisée, et Louis a volé son propre père, ce qui le définit d'emblée malhonnête et marqué par la faute : voilà les ingrédients d'un polar noir. Par ailleurs, on peut se demander pourquoi Thomas et Lechy, couple riche et las, se sont offerts les services d'un jeune métis et de sa femme pour surveiller leur propriété.

Ensuite, on peut imaginer des ellipses antérieures à chacun des trois actes. Ainsi, avant l'acte I, pourquoi et comment Thomas et Lechy viennent-ils dans leur bungalow ? Pour ma part, j'aime à penser que le couple a fait le pari de séparer Louis et Marthe, afin de rendre cette dernière disponible. Dans un esprit proche de celui de la marquise de Merteuil et du vicomte de Valmont des *Liaisons dangereuses*, chaque membre du couple a sa stratégie, à la fois par goût du jeu et par une sorte de jalousie générationnelle face à la jeunesse : Lechy séduira Louis et Thomas achètera Marthe, chacun espérant triompher de l'autre. Entre l'acte I et l'acte II, Louis déjeune chez Lechy et Thomas, qui paie à son invité l'acquisition de Marthe : aussi, au début de l'acte II, Louis veut-il quitter sa femme. Puis, lorsque Lechy arrive en scène, elle veut s'assurer que le départ de Louis ne sera dû qu'à l'amour qu'il lui porte. Enfin, avant l'acte III, Louis prépare certainement sa fuite, mais Lechy, voyant que le jeu tourne mal pour elle, ordonne à Christophe Colomb Blackwell de le tuer. De fait, en s'enfuyant avec un cheval, Louis justifie ce meurtre commandité.

Cette approche policière de la pièce nous a aidés à complexifier nos arrière-plans, mais il ne faut pas que les spectateurs puissent la concevoir. Elle explique peut-être aussi que, forte de tous ces implicites, la construction de la pièce soit très serrée, à l'instar de celles de Marivaux, qui curieusement avaient impressionné le jeune Claudel lycéen. Du reste, les situations de *L'Échange* peuvent faire songer à celles de *La Dispute* ou de *La Double inconstance*.

A. B. : En quoi consiste votre dernière entrée, qualifiée d'allégorique ?

C. S. : Je dirais qu'elle est double. D'une part, je considère qu'il y a déjà l'allégorie de Claudel lui-même. On sait que ses quatre personnages, dans lesquels il a dit se retrouver également, expriment ses contradictions, et celles-ci sont proprement scandaleuses : voilà un bourgeois anarchiste, à la fois du côté des maudits (Louis, issu de Rimbaud) et des raisonnables (Marthe la chrétienne). L'auteur a lui-même défini sa pièce comme « la lutte entre l'esprit sauvage et indomptable du poète et l'âme chrétienne patiente et raisonnable[4] ».

Plus importante pour le jeu est, d'autre part, une allégorie de l'âme et du corps, que je vois calquée sur *Le Procès en séparation de l'Âme et du Corps* de Calderon. Cette œuvre met en scène le duo Corps et Âme, qui crée la Vie, mais que la Mort séparera : le Corps disparaît, alors que l'Âme persiste, mais saisie par le Péché. Dans *L'Échange*, Lechy est la mort, Thomas le Péché, Louis le Corps, et Marthe l'Âme. Louis se trouve être l'enjeu des trois autres, et c'est par sa destruction qu'un échange peut s'effectuer, un échange qui n'est pas symétrique, mais unilatéral.

A. B. : À pièce si dense, mise en scène dépouillée ?

C. S. : Oui, si on considère le décor, réduit à un petit tabouret perdu au milieu d'un grand espace nu. Le seul effet spectaculaire est donné tout au début par la pluie (sable, eau, or ?), qui peut ensuite céder place à la pureté. Mais, comme l'a déjà noté Monique Le Roux, la nudité n'exclut pas la beauté, celle des taches colorées du sol figurant le rivage, celle des lucioles dans la nuit à l'acte III, celle surtout des savants éclairages qui sculptent les personnages dans leurs corps à corps. Les costumes jouent sur les contrastes des couleurs : les différentes tenues voyantes de Lechy (pantalons colorés, puis robe noire et écharpe rouge) s'opposent à la sobriété des vêtements des autres personnages.

Enfin, il fallait d'excellents acteurs pour que le verbe claudélien supplée l'absence de décor. Leur qualité a été presque unanimement louée, tant pour ceux qui s'étaient déjà frottés au théâtre claudélien avec *Le Soulier de Satin* (Francine Bergé avec celui de Barrault, Robin Renucci avec celui de Vitez) que pour les deux autres, Marc Zinga et Louise Chevillotte. « Traité par un autre auteur, *L'Échange* serait trivial », assure le critique Jacques Nerson[5], joué par d'autres, aussi. Le théâtre est bien un art.

Propos recueillis
par Alain BERETTA

---

4   Lettre à Georges Batault, 28 janvier 1907.
5   *L'Obs* du 6 décembre 2018.

EN MARGE DES LIVRES

Henri QUANTIN et Michel BRESSOLETTE éd., *Correspondance Maritain, Mauriac, Claudel, Bernanos. Un catholique n'a pas d'alliés*, Cerf, 2018.

Aux lecteurs attentifs du *Bulletin de la Société Paul Claudel*, ce livre n'apportera que peu d'éléments nouveaux sur la relation que tissèrent Claudel et Maritain de 1921 à 1945. Il propose en effet, sous une autre forme, l'édition de la correspondance que Michel Bressolette (décédé en 2008) avait publiée dans le *Bulletin* de mars 2006 (n° 181). L'annotation et l'étude liminaire sont également de Michel Bressolette. Henri Quantin, qui a été chargé par le Cercle d'études Jacques Maritain et les éditions du Cerf de la réalisation du volume, apporte toutefois trois documents nouveaux : une lettre (ou carte ?) de Claudel et deux lettres de Maritain. Il introduit également une correction intéressante dans un passage de Claudel à propos de l'Action française : il remplace la lecture conjecturale de M. Bressolette, « païen », par « papier », faisant valoir qu'il s'agit non pas de Maurras mais de son journal (lettre du 9 août 1927, p. 218). Pour le reste, il est difficile d'évaluer l'apport du travail d'Henri Quantin – lui-même précise d'ailleurs dans son introduction qu'on « compterait sur les doigts d'une main les précisions qu'il [lui] a semblé bon d'apporter » (p. 7) : rien ne distingue dans les notes de bas de page ses interventions de celles de Michel Bressolette, et, à l'exception de la lettre 12 adressée par Maritain à Claudel en 1928, les lettres inédites de cette correspondance ne sont pas signalées comme telles.

Il en va de même pour la correspondance de Maritain avec Mauriac, la plus fournie, qui ouvre le recueil : là encore, il s'agit de la reprise du travail de Michel Bressolette paru dans les *Cahiers Jacques Maritain* en juin 2008 (n° 56), augmenté de quatre inédits (ceux-ci dûment identifiés).

La correspondance de Maritain avec Bernanos, en revanche, est en partie inédite. Si un certain nombre de lettres de Bernanos à Maritain figurent dans la *Correspondance* de Bernanos publiée aux éditions Plon, cette première édition ne pouvait être tenue pour satisfaisante : certaines coupes n'ont aujourd'hui plus lieu d'être (mais les ayants droits de Bernanos ont malgré tout refusé à Henri Quantin la publication de trois lettres, « par crainte d'hypothétiques polémiques », p. 10), et surtout manquait le versant maritainien de cet échange. Henri Quantin le rétablit en s'appuyant sur les travaux de recherche les plus récents, et notamment ceux de Pierre Gille qui, dans l'édition des *Œuvres romanesques* de Bernanos dans la Bibliothèque de la Pléiade, en 2015, corrige l'image qu'on se faisait de Maritain, éditeur censément frileux de *Sous le soleil de Satan* : la lettre sur laquelle se fondait cette thèse n'est pas destinée à Maritain, mais à Vallery-Radot (elle figure ici en annexe de la correspondance). L'édition d'Henri Quantin accorde également toute sa place à l'échange, souvent touchant, de Bernanos avec Raïssa Maritain – notamment sur la douloureuse question de l'antisémitisme.

Au-delà des aspects étroitement individuels (mais non moins intéressants !) de ces trois correspondances, touchant notamment au rôle d'éditeur que joua Maritain au *Roseau d'Or* pour chacun des trois écrivains, leur intérêt réside précisément dans leur réunion, en ce que celle-ci, en reflétant les engagements et les évolutions de Maritain, permet de faire ressortir de manière particulièrement dramatique les lignes de fracture du catholicisme de la première moitié du XXᵉ siècle. Si la question du modernisme n'est guère posée, en revanche les soubresauts qu'induisirent la condamnation de l'Action française puis la guerre d'Espagne y occupent une place considérable. Le sous-titre choisi par Henri Quantin, tiré d'une lettre de Claudel à Mauriac, prend alors toute sa valeur : « un catholique n'a pas d'alliés », à quoi Claudel ajoute : « il ne peut avoir que des frères ». Et de fait, la foi partagée n'empêche nullement les affrontements idéologiques ou politiques, dont la violence est proportionnelle au caractère de « butor » de Claudel ou à la redoutable verve polémiste de Bernanos. Ce dernier reproche à Maritain de s'être détourné de l'Action française, quand Claudel l'accuse de ne pas être suffisamment franc dans sa rupture. Quelques années plus tard, Maritain et Bernanos se retrouvent dans le combat anti-fasciste de la guerre d'Espagne, quand Claudel apporte, lui, un soutien inconditionnel à l'Église et aux nationaux. Les attaques passent alors le plus souvent par voie de presse et se signalent dans les correspondances par de longs silences : les introductions à chacune des correspondances prennent alors tout leur prix, et l'on peut regretter que n'aient pas été systématiquement placés en annexe les articles consacrés aux uns par les autres (alors même que dix textes de Mauriac consacrés à Maritain, issus majoritairement du *Bloc-notes*, figurent en annexe de leur correspondance). « Frères » malgré tout, les quatre écrivains parviennent toutefois à surmonter ce que Claudel appelle plaisamment des « petits dissentiments » (p. 242), car même si « le doux Maritain » lui a parfois « galop[é] sur le système » (lettre à Françoise de Marcilly citée par M. Bressolette dans son introduction), cela ne l'a « jamais empêché de reconnaître en [Maritain] un frère avec qui [il est] fier de partager [une] foi commune. » (p. 242)

Cette estime réciproque, née en grande part de la reconnaissance du rôle de témoins qu'ils jouent chacun à leur manière à l'égard du monde, alimente un dernier versant de ces correspondances. Intellectuels et artistes catholiques, ils s'intéressent à leurs œuvres respectives et en débattent, d'une manière particulièrement riche pour Claudel et Mauriac. La possibilité d'une compatibilité du roman avec le catholicisme (échange entre Mauriac et Maritain en réponse aux doutes exprimés par Mauriac et à la conception que se fait Maritain de la « responsabilité de l'écrivain »), la vision de l'histoire et de la place qu'y doit tenir l'Église (échange entre Claudel et Maritain après certains livres de Maritain), ces sujets cruciaux se trouvent abordés, discutés, au milieu de considérations beaucoup plus individuelles sur l'aide spirituelle (ou matérielle) concrète qu'il est possible d'apporter à tel ou tel des « clients » de l'un ou de l'autre. L'engagement intellectuel se double ainsi d'un engagement humain très concret où s'exerce pleinement la charité parfois si douloureusement absente lors des spectaculaires ruptures qui émaillent les trajectoires croisées de ces quatre hommes.

Marie-Ève BENOTEAU-ALEXANDRE

*
* *

Richard GRIFFITHS, *Essais sur la littérature catholique (1870-1940). Pèlerins de l'absolu*, Classiques Garnier, 2018, 285 pages, bibliographie, *index nominum*, index des ouvrages cités.

Le professeur Richard Griffiths nous offre ici un précieux florilège de quatorze articles écrits entre 1979 et 2014 et publiés dans divers revues et volumes collectifs. Cette excellente idée, due à une proposition de Pierre Glaudes, nous permet d'avoir sous la main les contributions d'un des plus grands spécialistes de la littérature catholique française moderne (le paradoxe veut qu'il soit britannique et anglican, mais il y a peut-être à cela des raisons très françaises !), qui, après avoir été *fellow* à Cambridge et Oxford, a été professeur de français à University College, Cardiff, puis à King's College à Londres. Depuis sa retraite il est prêtre de l'Église anglicane au Pays de Galles. Ses centres d'intérets sont variés, puisqu'il a fait, entre autres choses, sa thèse en littérature du XVIᵉ siècle et a dirigé un volume collectif sur la Bible à la Renaissance (*The Bible in the Renaissance*, Ashgate, 2001).

En ce qui concerne plus précisément la littérature catholique, tant en Angleterre qu'en France, R. Griffiths avait déjà publié *The Reactionary Revolution : the Catholic Revival in French Literature, 1870-1914* (London, Constable, 1966, traduit en français : *Révolution à rebours*, DDB, 1971), *The Pen and the Cross, Catholicism and English Literature 1850-2000* (Continuum, London, 2010), des études sur Mauriac (*Le Singe de Dieu*, Bordeaux, 1996), des essais sur et traductions de Huysmans, Montherlant, Radiguet, et avait dirigé un volume collectif consacré à Claudel pour le centenaire de sa naissance (*Claudel : a Reappraisal*, London, Rapp and Whiting, 1968) comportant quatorze articles de lecteurs majoritairement britanniques.

Le présent ouvrage, dont le sous-titre est emprunté à Léon Bloy, rassemble des monographies classées en cinq parties, quatre contributions sur Huysmans, deux sur Bloy, deux sur Claudel, une sur Barrès et une sur Psichari, puis trois études comparatistes de réception, sur Huysmans et les écrivains catholiques anglais, sur Bloy et Jünger, sur Mauriac et Graham Greene et la tradition maistrienne, et enfin, en épilogue, une présentation de la controverse entre Mauriac et le P. Duployé, op, à propos du rôle religieux de la littérature profane. Partout se manifeste l'ample et profond savoir de Richard Griffiths, connaisseur des archives, des inédits, homme de contacts aussi qui a connu les grands spécialistes de ces divers auteurs, qui a eu la chance de rencontrer personnellement Louis Massignon.

Nous nous intéresserons ici essentiellement aux deux contributions consacrées à Claudel, « Liturgie et jeux scéniques dans le théâtre claudélien », initialement parue dans le volume *La Dramaturgie claudélienne* [1988], actes du colloque de Cerisy (1987) de même titre, et « *Stella matutina*, Claudel, Massignon, Yamamoto et *Le Soulier de Satin* », qui rappellera peut-être des souvenirs aux lecteurs de ce *Bulletin*, puisqu'elle y avait été publiée dans le n° 188 de décembre 2007. Le premier article s'intéresse à ce « changement assez surprenant », vers 1912-1913 dans le drame claudélien, ou plutôt dans la réécriture de ses propres drames par Claudel, qui le fait passer d'une utilisation symbolique du substrat liturgique à un emploi plus proprement dramatique et adapté à la scène – le moteur du changement étant l'expérience de Hellerau et la prise de conscience par Claudel des potentialités scéniques de ses drames ; le propos s'organise selon un plan chronologique, avec tout d'abord les premiers drames qui ne furent pas écrits pour la scène, mais pour la lecture, notamment la première *Ville* avec sa longue scène de la Consécration, également la première *Annonce* dont « les effets liturgiques ont une signification qui enrichit le texte et qui, pour être vraiment appréciée, nécessiterait une *lecture* » (p. 119). Mais le point de vue change avec les représentations de Hellerau : R. Griffiths a pu voir le *Regiebuch*, pourvu d'annotations de Claudel où apparaissent de nombreux changements et coupures accélérant l'action, et inversement un ajout, la « liturgisation du départ du père » qui fournit un bon exemple de liturgisation à des fins dramatiques. R. Griffiths analyse les éléments, dits ou suggérés par les didascalies, qui transforment le partage des fraises (!) dans la première *Violaine* en allusion discrète à la Cène, et la figuration christique du Père ; « la table devient autel » (p. 123) et préfigure le sacrifice de l'héroïne. Le même type d'analyse s'applique ensuite à la variante de 1919 de la fin de l'acte III de *L'Otage* avec l'accent mis sur l'ADSUM sacerdotal, et plus tard, l'idée de mettre un immense crucifix à la place du trou du souffleur. Enfin, dans la version pour la scène de *L'Annonce*, c'est la variante de l'acte IV qui est étudiée avec la refonte de l'Angelus, accompagné de sa volée de cloches et des questions de Mara qui lui font « entrevoir la mission de Violaine » (p. 128) : l'efficacité dramatique est beaucoup plus grande à travers une écriture du fragment liturgique adapté à la scène, avec le soutien d'« éléments non verbaux » (sons, gestes) qu'au moyen de longues citations littérales qui requièrent le temps de la lecture.

Stella matutina[1], une des épithètes de la Sainte Vierge, est aussi le motif iconographique d'une « image pieuse » étonnante, connue de Claudel au moment où il exalte lui-même le thème de l'étoile dans *Le Soulier de Satin*. Cette image, accompagnée d'une prière, est due à l'amiral Yamamoto Shinjiro (1877-1942), converti au catholicisme en 1893 et volontiers missionnaire, qui la fit exécuter en 1907 par une artiste italienne, Mme Franchi Mussini, s'inspirant du nom du collège marianiste « Étoile du

---

1   Eccli. 50, 6 ; Ap. 2, 28 et 22, 16. Expression appliquée par sens accommodatice à la Vierge, notamment par saint Bernard qui traduit ainsi le nom de Marie (IIᵉ Homélie *Super missus est*, 17).

matin » de Tokyo où il avait été élève. Fort éloignée du mauvais goût sulpicien, cette composition représente, dans l'esprit des peintures sur soie japonaises, la Vierge à l'Enfant sur fond d'une discrète étoile blanche, dans un paysage marin japonais, avec le mont Fuji ; or cette image sainte, à la manière de celles que Rodrigue fera exécuter à son Japonais, est au cœur de tout un réseau d'amitié spirituelle. À Rome où il se trouve en mission économique en 1916, Claudel retrouve l'abbé Fontaine (dernier confesseur de Huysmans), qui avait lui-même rencontré Yamamoto : il recommande ce dernier à Claudel, qui fera sa connaissance dès son arivée au Japon ; l'abbé Fontaine, entre temps, aura diffusé l'image et agi pour la conversion du Japon. Massignon, ami de Fontaine (c'est lui qui l'a présenté à Claudel) s'associe à cette œuvre et y infuse toute sa vibrante doctrine de la « substitution mystique ». Tous voient la nomination de Claudel au Japon comme un effet de la Providence ; et en effet l'« ambassadeur-poète », comme l'appellent les Japonais, œuvrera discrètement mais sûrement dans cette perspective et en fera passer la substance dans deux grandes scènes du *Soulier*, celle de l'Ange Gardien (III, 8), et celle des « saintes icônes » peintes par Daibutsu.

Merci à Richard Griffiths pour ses fines remarques, d'une grande justesse à la fois littéraire et spirituelle, qui expliquent et grandissent Claudel. Et merci à lui aussi, plus personnellement, pour ces soutenances de thèses sur Massignon, sur Huysmans, sur Bloy, où il m'a honorée de sa présence et de son amitié.

Dominique MILLET-GÉRARD

ACTUALITÉS DU CENT CINQUANTENAIRE

PARIS :
« PAUL CLAUDEL RÉSOLUMENT CONTEMPORAIN »

Le colloque *Paul Claudel résolument contemporain* était organisé par l'UMR CELLF 16-21 de la Faculté des Lettres de Sorbonne Université, avec le soutien du labex OBVIL, de la BnF, de l'INA, de l'Université de Chicago, de la Comédie-Française et de la Société Paul Claudel. C'est aussi l'Académie française, dont la secrétaire perpétuelle avait fait savoir à la Société Paul Claudel l'importance qu'elle attache au nom et à l'œuvre de Paul Claudel, qui était présente, par l'intervention de Jean-Luc Marion, qui ouvrit le colloque en rappelant que l'ambition poétique de Claudel n'était pas des moindres : habiter le monde en poète. Que ces grandes institutions nationales, et de nombreux chercheurs venus d'Europe, d'Asie, d'Amérique se soient associés pour un tel hommage à un Claudel mondial illustre combien son œuvre demeure présente, actuelle, contemporaine. Car cette commémoration valait pour un double rappel, de la place qu'a tenue et de la place que tient aujourd'hui Claudel, le diplomate, l'écrivain, l'homme de théâtre dans notre vie nationale, intellectuelle, littéraire, théâtrale. Ces trois journées, la première organisée à la BnF François Mitterrand, la seconde au centre parisien de l'Université de Chicago, la troisième à la Sorbonne, ont vu se succéder des interventions aussi denses et passionnantes que diverses, qui toutes se sont prêtées au jeu de la question qui était posée : de qui Claudel a-t-il été le contemporain, de son vivant, après sa mort, aujourd'hui ? Il revenait à la première journée du colloque de poser la question de cette actualité – ou inactualité, de ce temps claudélien en prise sur l'histoire, sur notre présent, et ouvert sur l'éternité.

Nous ne reviendrons pas sur le détail du programme qui fut largement diffusé. Mieux vaut tenter de ressaisir ici, trop rapidement, deux des grandes lignes tracées par la diversité des interventions. L'hommage était à la mesure de l'œuvre d'un diplomate et d'un écrivain, les deux fonctions semblent à bien des chercheurs de moins en moins dissociables, qui a su marquer de sa *présence* les États où il était en mission et les milieux littéraires et intellectuels qu'il côtoyait, en particulier au Japon et aux États-Unis. Il n'était que justice que le Claudel mondial fût célébré, puisque Claudel a eu très tôt conscience de la première mondialisation, qui a fait suite au premier conflit mondial, et en a tiré des enseignements pour les échanges culturels et la littérature, indissociables dans son esprit des transformations du monde moderne. C'est cette conscience claudélienne d'un monde en constante mutation géopolitique, économique, et idéologique, qui justifiait le titre retenu pour le colloque : Paul Claudel, résolument contemporain. Résolument, parce que Claudel voulait être un acteur politique, littéraire, idéologique des mondes qu'il traversait, parce que nous-mêmes considérons que Claudel a su incarner une présence française, une poésie, une pensée critique, un théâtre qui demeurent, aujourd'hui, vivants et nourrissent une vie diplomatique, une vie poétique, une vie théâtrale – les interventions programmées dans ce colloque l'ont montré.

Le monde de Claudel, c'est aussi le monde catholique, le monde un, unifié par la foi et unique, comme l'a rappelé Jean-Luc Marion dans son intervention. Ce monde de Claudel n'est pas le monde des prêcheurs : Claudel le veut intense, fiévreux, déchiré, dramatique et héroïque. Thomas Pavel l'a dit. Cette grandeur du héros claudélien nous parle et nous émeut. Claudel reste notre contemporain, parce qu'il a su donner à chacun le récit, la célébration lyrique, le drame d'un destin qui sublime la créature humaine et la dépasse en quelque sorte. C'est parce que le temps humain participe de l'éternité que Claudel nous parle et nous appelle et qu'il ne passe pas de mode : il est aussi notre instant, notre *maintenant*. Le colloque a su montrer qu'il y a un *style* Claudel, qui est plus qu'une humeur, qui est une forme de vie. Or, et c'est tout le paradoxe, si l'on peut désigner cette contemporanéité, ce *kairos* claudélien, on ne peut dire vraiment ce qu'il est. Peut-être parce qu'être à la mode suppose que l'on soit paradoxalement *démodé*, passé de mode, comme le rappelle Agamben. Démodé, c'est-à-dire hors du temps, dans l'archaïque, l'originel. « L'écart – et tout ensemble l'imminence – qui définit la contemporanéité trouve son fondement dans sa proximité avec l'origine, qui ne perce nulle part avec plus de force que dans le présent » écrit le même Agamben. Claudel demeure moderne, précisément non pas parce qu'il parle de l'origine, mais parce qu'il parle l'origine. Il nous faut donc nous résoudre à ce qu'il soit notre contemporain.

Deux tables rondes ont rappelé la nécessaire proximité de Claudel et de la création contemporaine. Il s'est agi, le premier jour, pour les poètes contemporains et, le dernier jour, pour les acteurs et metteurs en scène contemporains, de dire pourquoi Claudel est incontournable.

Le public, à chaque fois nombreux, a pu sentir quelle relation sensible, affective, affectueuse même, liait chacun à l'œuvre poétique, à sa langue, à son sens du théâtre. La seconde journée s'est terminée par une lecture de textes poétiques et dramatiques de Claudel, une autre façon de faire entendre, dans l'émotion et le rire, la voix de Claudel parmi nous.

Didier ALEXANDRE

*
* *

MOSCOU :
PAUL CLAUDEL CÉLÉBRÉ À MOSCOU

Colloque 14-16 octobre 2018

Depuis le premier colloque sur Claudel organisé à Boldino, près de Nijni-Novgorod en 2003, on sait que les études claudéliennes ont connu un dynamisme certain en Russie. Le 150e anniversaire de la naissance de Claudel a donné lieu, à Moscou, à un double événement : tout d'abord, le 14 octobre, de 11 heures du matin jusque tard dans la nuit, la diffusion de la captation de l'Intégrale du *Soulier de satin* d'Antoine Vitez, à l'Électro-théâtre Stanislavski. L'événement était réalisé avec le soutien de l'Institut français, dans le cadre du festival international « Territoria ». Une traduction simultanée était proposée, permettant à la majorité du public russophone de suivre ainsi l'ensemble de la représentation, véritable prouesse pour les traducteurs qui se sont relayés pendant près de douze heures. Jeanne Vitez, qui avait participé au spectacle, a introduit et présenté la projection.

Cet événement préludait à un colloque organisé sur deux jours par Elena Galtsova, avec le soutien, à titre principal, de l'Institut de littérature mondiale Gorki (IMLI) de l'Académie des sciences de Russie et le Centre d'études franco-russe de Moscou. Les intervenants, s'exprimant en russe ou en français, bénéficiaient d'une traduction simultanée permettant de ne rien perdre des interventions. La première journée, le 15 octobre, organisée dans les superbes locaux de l'Institut de littérature mondiale, faisait la part belle aux collègues venus de France parlant du genre du mystère et des interactions entre les arts : Pascal Lécroart (Besançon) a abordé Claudel dans l'influence des Ballets russes de Diaghilev et d'Ida Rubinstein, Tatiana Victoroff (Strasbourg) a étudié les liens de Claudel avec la diaspora russe autour de *Jeanne d'Arc au bûcher*, illustrant son propos de documents rares, et Anne Ducrey (Sorbonne-Université) est revenue sur le succès du mystère comme genre au tournant des XIXe et XXe siècles, la représentation de la sainteté proposant un défi particulièrement attractif pour la scène symboliste.

La seconde session a permis d'étudier quelques interactions entre Claudel et la Russie. Dominique Millet-Gérard (Sorbonne-Université) a mis au centre de son intervention les rapports du poète avec Vladimir Weidlé (1895-1979) qui s'était exilé en France en 1924 et qui fut une figure intellectuelle importante parmi les Russes blancs ; or, dès 1924, il avait publié deux poèmes influencés par la forme claudélienne. Olga Chaliguina (IMLI) a évoqué ensuite le projet de traduction, finalement non abouti, de Marina Tsvetaeva pour *Tête d'Or*. Constantin Bannikov a mis en relation le bestiaire spirituel de Claudel avec la *Ménagerie* du poète et dramaturge russe d'avant-garde Velimir Khebnikov (1885-1922).

La dernière session était d'abord construite sur des portraits parallèles : Véra Schervachidzé est revenue sur les rapports entre Claudel et Barrès, tandis que Nadejda Buntman a insisté sur les liens sous-jacents entre Claudel et Cocteau. Cette riche première journée s'est conclue sur l'étude comparée de deux traductions récentes de *L'Annonce faite à Marie*, celle d'Olga Sedakova (version 1948 ; publiée en 1999) et celle de Dmitry Tsyvian (versions 1912 et 1948 ; publiée en 2006), analysées par Anna Sabachnikova.

Pour la seconde journée, le colloque était accueilli dans les locaux du Centre d'études franco-russe de Moscou par son directeur Vincent Benet. La parole a d'abord été donnée à Marie-Victoire Nantet qui, sous le titre « Filiations », a étudié, en partant de ses propres liens avec sa mère, les origines familiales de Paul Claudel, ce qui fut l'occasion d'un portrait tout en finesse de l'écrivain, centré sur les événements principaux de sa vie, le propre de tout homme, selon Claudel, étant de se révéler, de manière dynamique, selon les épisodes de sa vie qui sont autant de sollicitations inattendues entrant, néanmoins, dans un projet divin supérieur.

La suite de la matinée est revenue sur les traductions de Claudel en russe. Inna Nekrassova, professeur à l'Académie d'État de théâtre de Saint-Pétersbourg et auteur de l'ouvrage de référence sur Claudel en Russie, *Paul Claudel et la scène européenne du XXe siècle*, paru en 2009, a analysé les cinq traductions russes de *L'Annonce faite à Marie*, étudiant une version énigmatique, réalisée vers 1915-1917, jamais éditée mais connue par quatre exemplaires dactylographiés qui ont été sauvegardés. Ekatérina Bélavina s'est ensuite penchée sur les traductions poétiques de Claudel en russe, auteur lu et apprécié dès 1908-1910 par Innokenty Annensky (1856-1909) et Maximilien Volochine (1877-1932).

L'après-midi était consacré aux rapports de Claudel et Dostoïevski par les interventions de Boris Tarassov, Olga Voltchek, Tatiana Kachina et Oksana Doubniakova, Tatiana Victoroff animant les échanges avec la salle. La parole fut pour finir laissée à Elena Galtsova, organisatrice dévouée, efficace et compétente du colloque, qui s'est intéressée au problème de la polymorphie du personnage entre son traitement romanesque chez Dostoïevski et dramatique chez Claudel.

Après une belle synthèse panoramique présentée par Elena Galtsova, le colloque s'est conclu sur la promesse d'une publication de ses actes en russe, prévue en 2019.

Il était particulièrement émouvant d'assister à une telle célébration claudélienne en Russie. Elle a permis de souligner les interactions multiples et toujours actuelles entre nos cultures.

Pascal LÉCROART

*
* *

MOSCOU :
FACE AU « SPHINX CLAUDEL »

Entretien avec Jeanne Vitez à l'occasion de la projection de la captation du spectacle d'Antoine Vitez *Le Soulier de Satin* (1987) à Moscou en octobre 2018

TATIANA VICTOROFF : Jeanne Vitez, nous assistons à un grand moment : la mise en scène de votre père, jouée pour la première fois dans la Cour d'honneur du Palais des papes d'Avignon en juillet 1987 et reprise par la suite à Barcelone, Berlin, Paris et Bruxelles, arrive, 30 ans plus tard, jusqu'à Moscou, dans une captation réalisée en janvier 1988 par Yves-André Hubert.

Grâce à vous, cet enregistrement n'a pas été oublié dans les archives, mais il permet de nouvelles rencontres avec Claudel, comme par exemple celle qui a eu lieu récemment avec le public strasbourgeois, dans le cadre des Bibliothèques Idéales aux Musées de Strasbourg.

Comment est venue l'idée de la présenter à Moscou ?

JEANNE VITEZ : L'initiative appartient aux organisateurs du colloque international consacré au 150ᵉ anniversaire de Claudel, qui s'est tenu en octobre 2018 à l'Institut de Littérature Mondiale à Moscou, avec le soutien de l'Institut Français, dans le cadre du festival international « Territoria ». L'événement s'est déroulé, du côté français, grâce au partenariat avec l'Association des Amis d'Antoine Vitez, avec la collaboration de l'INA et de la Société Paul Claudel.

C'est une joie de partager ce travail de mon père avec le public russe qui ne connaît pas suffisamment, semble-t-il, l'auteur du *Soulier de Satin* comme c'est aussi assez souvent le cas du public français, ou bien il le connaît mal. Jean-Louis Barrault est le premier à mettre en scène ce remarquable texte, en 1943 à la Comédie-Française, dans le contexte troublé de l'Occupation. Antoine Vitez qui considérait que « Barrault nous a donné le meilleur de Claudel », s'inspire de son exemple, mais propose, quant à lui, la version intégrale de cette pièce, particulièrement chère à Claudel.

T. V. : Vous avez joué dans cette mise en scène. Pourriez-vous nous rappeler les circonstances de cette création ? Comment l'idée est-elle venue à Antoine Vitez ? S'agit-il d'une œuvre de commande ? De son intérêt profond pour la dramaturgie claudélienne ? D'un hommage à Jean-Louis Barrault afin de poursuivre ses trouvailles dans un contexte politique et culturel très différent, pour montrer l'universalité de Claudel ?

J. V. : C'est avant tout l'intérêt profond pour l'œuvre de Claudel. Antoine Vitez à ce moment-là avait déjà monté *L'Échange* et *Partage de Midi*. L'histoire du *Soulier de Satin* est très proche de celle de *Partage de Midi*, et on peut supposer que c'est la personnalité de l'écrivain, son mystère, son autobiographie (qui est toujours en filigrane de son œuvre) qui a touché avant tout mon père et qu'il voulait explorer. Car c'est aussi l'histoire de l'Homme, dans ses élans et ses failles, l'histoire de l'amour comme le moment le plus grand de sa vie, comme l'épreuve de son humanité.

T. V. : Est-ce qu'il éprouvait aussi un intérêt pour ce texte en tant que metteur en scène ? *Le Soulier de Satin* est un défi au théâtre. C'est-à-dire :

un appel aux formes théâtrales de dimension universelle, proches du mystère médiéval ou du théâtre élisabéthain, qui répondrait, au XIXe siècle, aux exigences de Hugo exposées dans la Préface de *Cromwell*.

J. V. : Oui, Antoine Vitez en parle dans un programme pour les spectateurs d'Avignon, en écrivant cette précision remarquable du fait que pour représenter le Monde entier et sa grandeur, il faut... la petitesse du théâtre. Car, dit-il, « aucune scène ne sera jamais à la mesure du Monde. Il serait fou de vouloir gonfler la mise en scène comme un ballon grotesque pour la porter aux dimensions de ce que l'on évoque ». Il appelle cela « l'énigme proposée par le sphinx Claudel », c'est-à-dire la nécessité de trouver une forme « qui donnera, sur l'aire étroite et nue de la scène, tout le sens ». C'est à cette énigme qu'il cherche à répondre par tout son travail de metteur en scène, et sa réponse me paraît formidable. Il n'avait, sur le plateau, rien d'autre que les comédiens et le texte. C'est peut-être pour cela que le monde était là aussi, sur le même plateau.

T. V. : Et les décors ?

J. V. : Il y en avait très peu. De temps en temps, on apportait une chaise, quelques rares objets ; des escaliers déplaçables en fond de scène. Antoine Vitez et Yannis Kokkos, réalisateur de la scénographie et des costumes, ont été d'accord sur leur vision du théâtre en tant qu'atelier de construction, du spectacle qui ne cherche pas être spectaculaire.

T. V. : Peut-on dire que c'est un théâtre né de l'homme et de sa présence ?

J. V. : Oui, il y a le corps des acteurs et le texte. Et cela tient pendant douze heures (ou presque, si l'on compte les entractes), sans rien d'autre. Il dit, dans son programme pour le spectacle en Avignon : « L'acteur entre, transportant son siège, s'assoit, ouvre la bouche. De ses mots il fait l'espace ; il faut plutôt dire qu'il est à lui seul l'espace [...]. Chaque acteur est à la fois un personnage et l'espace occupé par lui ». Autrement dit, les personnages sont multiples, ils sont dédoublés mais le personnage principal, c'est le langage, c'est la langue. Cela, sans doute, plaisait beaucoup à mon père, qui était un grand amateur de langues. Ce n'est pas par hasard qu'il a appris le russe, le grec et l'allemand. Chez Claudel, il a ressenti l'universalité de sa propre langue et c'est elle qu'il a voulue montrer littéralement sur scène.
Il a beaucoup parlé du verset claudélien, non pas comme une technique – même si c'est un effort presque athlétique qui demande d'avoir

un souffle incroyable. Mais il s'agit aussi du souffle de l'auteur, de sa façon de respirer, et c'est cela que mon père nous a invités à apprendre.

T. V. : Il fallait alors respirer avec Claudel de 21h jusqu'à 9h du matin ! Quel effort cela a-t-il représenté pour le corps ?

J. V. : Je n'avais que des petits rôles – la statue de la Vierge dans la Première journée, l'Ombre double à la fin de la Deuxième, la Logeuse dans la Troisième et la Bouchère, la Bouée et la Religieuse plus jeune dans la Quatrième. Mais j'avais la sensation que c'était la langue qui me faisait vivre parce qu'elle me faisait respirer. Quand on dit du Claudel, on a l'impression d'être une colonne d'air. C'est un sentiment très complexe, car il y a une contrainte, celle de respecter le verset, comme dans l'alexandrin racinien il faut respecter les douze syllabes, strictement imposées ; mais il y a aussi une grande liberté dans cette contrainte, il y a un souffle qui apporte une irrégularité intérieure et fait vivre les vers. De plus, chez Claudel il y a un mélange de prose et de vers libres peut-on dire, des longueurs et des rythmes différents, cela change et varie sans cesse, et cela rapproche plus encore sa langue du souffle de la vie. C'est-à-dire que, comme dans la vie, on prend parfois de grandes respirations, parfois des petites ; et parfois aussi on coupe sa phrase à un endroit plus ou moins incongru pour la reprendre après un silence…

T. V. : Pour Claudel, sans doute y a-t-il une dimension religieuse dans cette expérience, une manière de rejoindre le souffle de Dieu ? Dans ce paradoxe si fortement exprimé dans son œuvre – trouver la liberté dans la dogmatique de la foi qu'il identifie avec l'océan de l'inspiration ?

J. V. : Bien sûr. Je ne suis pas croyante, mon père ne l'était pas non plus. Mais cette jubilation de réciter ce texte en Avignon, en plein air, sous les étoiles, m'a permis d'éprouver une dimension cosmique, j'oserais dire, presque mystique. Puis, jouer ce texte avec d'autres acteurs m'a offert le sentiment de la communauté qui a complètement changé mon rapport au rôle.

T. V. : Finalement, il n'y a pas de « petits rôles » chez Claudel ?

J. V. : Oui, c'est vrai. C'est un immense poème à plusieurs voix. À chaque moment c'était bien plus que l'expérience théâtrale, mais un rappel de la plénitude de la vie.

T. V. : Comment Antoine Vitez a-t-il travaillé avec les acteurs ?

– Avec joie. Il aimait répéter car chaque répétition était pour lui une quête qui le nourrissait profondément. Il y avait aussi des jours où il disait, en sortant de la répétition : « Aujourd'hui, on n'a pas trouvé grand-chose », mais il ajoutait aussitôt : « Mais demain, on trouvera ». Il pouvait laisser les acteurs répéter tout seuls. De même, contrairement à plusieurs metteurs en scène qui multiplient les répétions avant la première, il restait calme et ne faisait jamais sentir une angoisse ou une inquiétude. Il faisait grande confiance aux acteurs qu'il avait choisis.

T. V. : Quels rôles a-t-il joué lui-même ?

J. V. : Il jouait Don Pélage, qui est là dans la Première journée et dans la Deuxième journée. Ensuite il meurt. Antoine Vitez restait avec nous tous lors des intégrales à regarder ou à écouter, en coulisses ou sur un côté de plateau.

T. V. : Dans ses écrits sur le théâtre, il compare la succession des acteurs sur la scène à celle des pages du récit, à un livre ouvert. C'est ainsi, dit-il, avec chaque acteur, qui laisse la place au suivant, « la parole entre à force dans l'action ».
Cette métaphore du spectacle comme livre ouvert paraît très claudélienne.

J. V. : Tout à fait. Les scènes se succédaient sans aucune interruption, de manière fluide, comme on tourne les pages effectivement ; l'acteur d'une scène suivante pouvait être déjà là dans la scène précédente. Antoine Vitez, de son côté, parlait de l'œuvre de l'acteur, celui qui écrit avec son corps et qui ne connaît pas la fin de l'histoire, même s'il y a des annonciers (Pierre Vial en a joué deux, « L'annoncier » et « L'irrépressible »), même si tout semble être prédestiné. Nous nous sommes sentis cependant comme les régisseurs d'un cirque ou d'un théâtre ambulant où tout est né dans l'improvisation, nous avons joué plusieurs rôles dans des costumes différents dans ce spectacle à soixante personnages (peut être plus, je n'ai jamais compté), dans cette histoire sans fin…

T. V. : Antoine Vitez dit dans un de ses entretiens à l'occasion de cette mise en scène dans la Cour d'honneur du Palais des papes que « c'est long, mais c'est beau que ce soit long… ». Cela peut nous rappeler la phrase la plus souvent citée de Claudel, qui est aussi une des plus énigmatiques, et que prononce l'Annoncier au début du Soulier : « C'est ce que vous ne comprendrez pas qui est le plus beau, c'est ce qui est le plus long qui est le plus intéressant et c'est ce vous ne trouverez pas amusant qui est le plus drôle ».

Comment comprenez-vous cette phrase ?

J. V. : Je ne sais pas l'expliquer, mais je la trouve formidable ; c'est la pièce elle-même ! Elle rend pour moi l'effet de ce spectacle : je ne suis pas sûre de tout comprendre dans le texte, et en même temps, je le comprends sans comprendre. La grande scène de l'Ange gardien, aujourd'hui je la comprends un peu mieux qu'autrefois, mais le mystère demeure et je voudrais le garder. Et, en effet, elle est drôle parfois, même si on ne rit pas.

T. V. : Alors, c'est peut-être le langage de la Beauté – de la parole claudélienne, de la musique de Georges Aperghis – qui reste le meilleur passeur dans ce spectacle et ne demande pas d'explications, de « traduction », à l'image de la parole poétique et de la musique, immanents au sens. Jean-Louis Barrault est un des meilleurs passeurs dans ce sens, comme le rappelle Antoine Vitez dans son hommage : « grâce à lui, on a fait entendre l'inouï, voir l'invisible », et donc les qualités les plus propres aux pièces de Claudel.

J. V. : Oui, et Antoine Vitez devient leur passeur à son tour. Grâce à cette Beauté révélée sur scène, nous avons tous senti, indépendamment de nos convictions, qu'il y a une réalité cachée, même si nous ne l'appellerons pas Dieu, comme Claudel.

T. V. : Il y a un mot chez Claudel qu'il aime particulièrement : l'enthousiasme. C'est d'ailleurs le titre de l'article qu'il a consacré à Jean-Louis Barrault en 1953. « L'âme humaine est une chose capable de prendre feu, elle n'est même faite que pour ça, et quand la chose se produit, et que "l'esprit tombe sur elle", comme on dit, elle ressent une telle joie, il lui est arraché un tel cri… c'est vrai que le mot enthousiasme n'est pas autre que celui qu'il fallait ! » (*Pr.* p. 1392). N'est-ce pas le mot qui réunit les trios – l'auteur de ce remarquable texte, son destinataire, premier metteur en scène du Soulier et celui qui poursuit son travail un demi-siècle plus tard ?

J. V. : L'enthousiasme, oui. *Le Soulier de Satin* porte en soi une énergie énorme que les metteurs en scène rendent comme une énergie théâtrale qui continue à enflammer les cœurs.

T. V. : Espérons qu'elle va atteindre jusqu'aux cœurs russes, grâce à la projection d'Yves-André Hubert. À propos, l'intérêt pour la Russie est encore un point de rencontre entre Paul Claudel et Antoine Vitez. Le premier l'a traversée en 1909 en Transsibérien, était un lecteur passionné des grands classiques russes, collaborait avec les émigrés russes à Paris… Le deuxième a appris la langue russe, jusqu'à devenir un traducteur renommé, et il semble qu'il ait toujours eu le regard tourné vers ce pays…

J. V. : Oui, pour tous deux, l'espoir vient de l'Est, et ils continuent de l'explorer. Mon père a visité, lui aussi, le Japon ; comme Claudel, il était très intéressé par le théâtre Nô, par les marionnettes japonaises. D'ailleurs, c'était pour lui une manière d'entrer dans l'univers de Claudel, de le comprendre à travers la culture qui l'a passionné.

T. V. : Il est donc toujours en train de résoudre cette « énigme proposée par le sphinx Claudel », pour citer son Introduction au *Soulier de Satin* donné en Avignon.

Vous ouvrez, par la transmission de ce spectacle en Russie, cet horizon de recherches aux metteurs en scène russes d'aujourd'hui qui seront sans doute fascinés de leur côté par ce mystère et proposeront leur vision du Théâtre du monde claudélien.

Un grand merci pour ce partage.

Tatiana VICTOROFF

*
* *

TOKYO :
« LE JAPON DE PAUL CLAUDEL »

Colloque commémoratif du 150ᵉ anniversaire de la naissance de Paul Claudel, Tokyo, Maison franco-japonaise, 3 et 4 novembre 2018

Le Japon est, on le sait, terre claudélienne, et l'année du cent cinquantenaire y fut à cet égard comme une sorte de festival ininterrompu, mais il est certain que le colloque de la Maison franco-japonaise, dont les deux journées avaient été architecturées avec une extrême précision par le grand claudélien Chujo Shinobu à titre de directeur scientifique, en marqua l'un des points forts : il se révéla une manifestation de grande et belle qualité dont on attend avec intérêt la publication des actes prévue, l'efficacité japonaise aidant, pour le courant 2019.

Deux discours d'ouverture sont d'abord prononcés par l'illustre comparatiste Haga Toru et par l'ambassadeur de France au Japon Laurent Pic.

Avec la jovialité qui le caractérise, M. Haga remarque avec quel talent et quelle énergie Claudel sut durant sa mission observer la situation politique du pays et agir, à commencer par la création de l'institution qui nous accueille. Il rappelle par ailleurs que c'est au Japon que l'écrivain rédigea l'essentiel du *Soulier de satin*, mais voit avant tout en lui un amoureux du pays dont M. Haga place très haut les *Cent Phrases pour éventails*, observant par ailleurs combien les mythes locaux ont compté dans la vision claudélienne de l'archipel.

L'ambassadeur de France évoque pour sa part avec humour son légendaire prédécesseur, dont il dit que la photo accrochée dans les couloirs de l'ambassade le rappelle à ses devoirs chaque matin lorsqu'il se rend à son bureau. Il dit aussi son émotion d'évoquer sa mémoire dans ce lieu qui lui doit tant : le legs le plus précieux de Paul Claudel au Japon est en effet selon l'ambassadeur d'avoir donné à la France et au Japon les instruments de leur relation bilatérale, dont les descendants (Maison franco-japonaise actuelle, Institut français du Japon – Kansai, Villa Kujoyama) constituent un patrimoine précieux et fragile qu'il nous appartient impérieusement de préserver.

Le Président de la Maison franco-japonaise, l'historien Fukui Norihiko, évoque dans son intervention introductive au colloque le menu copieux qu'assignaient au diplomate briandiste que fut Claudel les instructions du Quai : observer la situation internationale du pays à la suite des conclusions de la Conférence de Washington, faire valoir la langue et la culture françaises face à l'influence allemande que la défaite n'avait guère entamée, remédier à la balance commerciale déficitaire avec le Japon en favorisant les ventes de matériel ferroviaire, aéronautique et militaire, chercher une solution au problème des droits de douane entre l'Indochine française et le Japon, s'attacher enfin à obtenir le report de la dette bilatérale.

À tout seigneur tout honneur, la première partie du colloque proprement dit, « Le chemin vers le Japon », était entièrement consacrée à la conférence de Watanabe Moriaki, celui que le modérateur de cette session, Miura Nobutaka, Vice-Président de la Maison franco-japonaise, traitait avec un mélange d'humour et de vénération d'« Empereur des études françaises au Japon, un empereur qui, ajoutait-il, n'est pas près d'abdiquer ! ». M. Watanabe mettait en évidence dans son intervention la part héritée de Mallarmé dans l'intérêt du jeune Claudel pour le Japon, et montrait comment la problématique mallarméenne du théâtre sous-tendit bien des années plus tard l'appréhension du nô par l'ambassadeur.

Deux interventions dues à des collègues japonais constituaient le second volet du colloque, « Interpréter le Japon ». Ido Keiko s'intéressait à Claudel voyageur au Japon, et montrait l'horizontalité de la vision du diplomate, et en revanche l'intérêt du marcheur d'agrément pour la vision surplombante, les monts Fuji et Nantai inlassablement revisités jouant à cet égard le premier rôle. De son côté, Ode Atsushi se fondait sur la traduction par Claudel en « *Ahité* », soit « cela dans toutes les choses qui fait AH[1] ! », du sentiment de *mono no aware* (la « douce mélancolie des choses »), pour approcher la compréhension du Japon par le poète. Il y aurait en effet dans les choses un élément ineffable et indicible, et la vocation de l'art japonais sous ses diverses formes serait selon Claudel de mettre en évidence cet élément, et de faire entrevoir le monde métaphysique par l'intermédiaire du monde sensible.

La troisième partie, dite « Les souffles du Japon », faisait intervenir trois conférenciers français. Catherine Mayaux montrait tout d'abord, s'appuyant sur les œuvres nées des séjours de mai-juin 1898, puis de 1921-1925 et 1926-1927, comment l'expérience de la nature et de l'art japonais avait comme purifié le poète du désir de comprendre et d'expliquer dans des œuvres puissamment architecturées, voire à certains égards « théorisantes », pour lui faire adopter des formes brèves et disparates, et s'abandonner à la « convention tacite », à la « secrète intelligence[2] » entre les choses. Pascal Lécroart s'efforçait ensuite d'apprécier l'influence des formes traditionnelles du théâtre japonais dans les œuvres dramatiques postérieures à la période nipponne, et la jugeait indéniable malgré le discours claudélien selon lequel leur irréductible altérité les rendrait impuissantes à servir de modèle. La première journée du colloque prenait fin avec l'étude à caractère esthétique et politique que Michel Wasserman consacrait à la visite que fit Claudel en juillet 1926 de la villa du peintre dans la manière traditionnelle Yamamoto Shunkyo en compagnie de l'épouse d'Édouard Herriot, son ancien ministre de tutelle. Shunkyo compte parmi les membres de l'École de peinture de Kyoto avec lesquels l'ambassadeur entretint au cours de sa mission de fécondes relations d'amitié et de collaboration artistique, et les rapports de grande

---

1   « Bounrakou », *Œuvres en prose*, Bibliothèque de la Pléiade, Gallimard, 1965, p. 1182.
2   « Jules ou l'homme aux deux cravates », *Œuvres en prose*, p. 852.

cordialité qui lient Claudel au chef de la gauche radicale et anticléricale ne sont pas sans rappeler ceux qu'il entretint avec l'agnostique Berthelot, dont il reconnaissait au soir de sa vie qu'ils n'avaient en somme « guère de points communs » et que « tout [les] séparait[3] ».

La seconde journée s'ouvrait sur une session intitulée « Points de vue sur le Japon ». Dominique Millet-Gérard montrait tout d'abord comment Claudel, dont les années japonaises sont selon elle les plus « mystiques », passe dans sa perception du pays d'un état de contemplation retranscrit de manière quasi phénoménologique à une lecture interprétative qui relève du thomisme, l'« ordination » catholique (au sens de mise en ordre vers le haut, de projection verticale) prenant alors le pas sur le fusionnel. Uesugi Mio s'attachait ensuite à montrer comment l'ambassadeur se fait le protecteur des missionnaires dont il s'efforce, dans une période de perte d'influence au Japon du clergé français autrefois en situation de monopole, de plaider la cause auprès du Quai concernant des questions (division des diocèses catholiques, nomination d'évêques indigènes) où les religieux français sur place se trouvent en désaccord avec les initiatives du Saint-Siège. François Lachaud observait enfin que les années de formation du jeune Claudel sont celles de l'affirmation des sciences religieuses contre lesquelles son catholicisme intransigeant s'insurge. L'intérêt qu'il éprouve durant sa mission pour les religions locales va toutefois paradoxalement faire de lui un interprète privilégié de la spiritualité japonaise.

Le dernier volet, « Un pont entre la France et le Japon », s'ouvrait sur une intervention de Shinonaga Nobutaka relative à la question des relations commerciales entre l'Indochine française et le Japon, un aspect essentiel de la mission claudélienne. À cet égard, Claudel ne se borna pas à travailler à la solution du problème des droits de douane qui obérait les échanges entre le Japon et l'Indochine, il s'efforça, pour aider à la mise en valeur de la colonie et pour consolider les liens entre la France et le Japon, de concevoir un système d'interdépendance tripartite. Malgré des manœuvres d'approche en direction de la Banque de Paris et des Pays-Bas, les difficultés rencontrées sur le plan douanier rendirent l'ambitieux projet irréalisable. L'ambassadeur fut plus heureux dans le domaine aéronautique, comme allait le montrer Christian Polak dans l'intervention qui suivit, mais Claudel ne fit en l'occurrence que s'associer à une entreprise qui lui avait préexisté. C'est en effet entre 1919 et 1921 que la mission Faure et ses soixante-trois aviateurs et ingénieurs jettent les fondements de l'aviation militaire

---

3   *Mémoires improvisés*, Gallimard, 1954, rééd. Cahiers de la NRF, 2001, p. 271.

et de l'industrie aéronautique japonaises, exemple aussi remarquable de transfert de technologie que l'avait été en son temps la construction par des ingénieurs français de l'arsenal de Yokosuka (1865-1876). Deux autres missions aéronautiques, d'ampleur toutefois beaucoup plus limitée (Jauneaud et De Boysson), allaient suivre du temps de l'ambassade de Claudel. Il appartint à Miura Nobutaka de prononcer l'ultime conférence et de cette session et de ce colloque, conférence certes bien à sa place en ce lieu puisqu'elle concernait le fondateur des établissements culturels, qui tint à créer des institutions « franco-japonaises » là où la France avait alors pour coutume de fonder des « instituts français ». La coexistence, au sein de la Maison franco-japonaise, d'une fondation privée japonaise chargée principalement des questions d'édification et de maintenance d'un bâtiment, et d'un centre de recherches sur l'Extrême-Orient dont les frais de fonctionnement relevaient du budget du gouvernement français, ne fut pas sans poser des problèmes parfois sérieux de délimitation des responsabilités au cours d'un siècle, ou peu s'en faut, de cogestion de l'institution, et tant le statut que la dénomination du « directeur français » firent souvent l'objet d'âpres disputes : il n'en reste pas moins, concluait M. Miura au terme d'une intervention particulièrement émouvante en ce qu'elle révélait d'affect et d'amour pour l'institution, que « nous sommes tous les petits-enfants de Claudel sans le savoir ».

Il appartenait ensuite à M. Chujo de revenir en une brève récapitulation sur le contenu des exposés qu'il avait suscités, avant que de laisser la parole à Laurent Teycheney, claveciniste, professeur à l'Université des Arts de Tokyo et directeur-fondateur de l'Ensemble Muromachi, qui mêle instruments traditionnels japonais et instruments anciens occidentaux. M. Teycheney proposa de courts extraits vidéo de compositions instrumentales commandées par l'Ensemble en 2010-2011 d'après les *Cent Phrases pour éventails*. Le danseur de *Nihon buyô*[4] Shuto Takumi donna ensuite *Bruit de l'eau sur de l'eau* à l'accompagnement de deux violons baroques, sur une musique de la compositrice française Édith Lejet.

Pour conclure ces deux journées, Cécile Sakai, directrice de l'« Institut français de recherches sur le Japon à la Maison franco-japonaise » (c'est pour l'heure le dernier intitulé en date des fonctions de l'ancien Directeur français de la Maison…), remercia tous les organisateurs et participants à ce bel événement, avant que de laisser le mot de la fin à Jean Starobinski : « Le silence de la poésie est le moment où commence la

---

4   Type de danse traditionnelle dérivé de l'art chorégraphique pratiqué par les geishas et les acteurs de kabuki.

véritable écoute. Claudel, qui a été la plus magnifique figure du poète proférant, semble avoir voulu limiter son rôle à celui d'écoutant : il est celui qui reçoit une parole intarissable venue d'ailleurs. Ce n'est plus lui qui parle, il retentit comme un superbe instrument, qui connaît ce que retentir peut avoir de vain et d'humble. Il parle parce qu'il écoute. Il ne cesse d'écouter[5] ».

Michel WASSERMAN

*
* *

TOKYO :
UNE AUDITION DE MÉLODIES INSPIRÉES
PAR CLAUDEL À TOKYO

Après la soirée organisée le 6 juin 2018 par l'Ensemble Via Luce à la Mairie du 15e arrondissement de Paris sous le titre « Paul Claudel, le Japon et la musique », c'est à Tokyo même qu'il a été donné d'entendre un des concerts les plus remarquables au sein des festivités marquant la célébration du 150e anniversaire de la naissance de l'écrivain. La Maison franco-japonaise a en effet inscrit dans le programme de ses activités, en amont du prestigieux colloque organisé dans le même lieu, un concert intitulé *Cent Phrases pour éventails*, réunissant Mathilde Étienne (soprano), Emiliano Gonzalez Toro (ténor), et Aoi Takabashi (piano). Le programme était essentiellement constitué de mélodies : deux des *Sept Poèmes de la Connaissance de l'Est* de Milhaud, les *Trois Poèmes de Claudel* d'Honegger, douze *Dodoitzu* de Maria Scibor (pseudonyme de Louise Vetch) et l'ensemble de la série des *Éventails* de Guy Sacre avec, avant la pause, un peu de piano seul : l'« Hommage à Ravel » d'Honegger, joué avec beaucoup de délicatesse par Aoi Takahashi qui a accompagné, avec l'expressivité et la dextérité attendues, les deux chanteurs.

---

5   « Parole et silence de Claudel », *Hommage à Paul Claudel*, *La Nouvelle Revue Française*, Gallimard, septembre 1955, p. 649.

Le programme était judicieux, faisant entendre, dans leur chronologie musicale, un choix pertinent de mélodies inspirées par l'œuvre claudélienne : à la tonalité encore très debussyste – on pense régulièrement à *Pelléas* – des *Poèmes de la Connaissance de l'Est* (1912-1913) de Milhaud, composés en suivant le fil du texte – *Durchkomponiert*, comme on dit en allemand –, répondent les *Trois Poèmes de Claudel* d'Honegger, plus tardifs (1939-1940), à l'architecture musicale mieux définie avec des contrastes poétiques et dramatiques que les interprètes ont très bien su exploiter. La seconde partie du concert était faite de miniatures : chacun des *Dodoitzu* n'occupe guère qu'une minute, mais Louise Vetch a su construire des atmosphères sans cesse changeantes, allant de la nostalgie à l'humour, en passant par l'espièglerie. L'interprétation alternée des poèmes par groupes de trois entre la voix de soprano et celle de ténor apportait une variation inédite très bien venue. Face aux *Cent Phrases pour éventails*, Guy Sacre se retrouvait dans la même situation : comment faire exister musicalement une parole poétique aussi brève ? Il affirme ses aptitudes de compositeur en développant habilement la partie de piano, en plus du chant ; mais la poésie y gagne-t-elle vraiment ? L'autre possibilité était de tenter de développer une dramaturgie à l'échelle du recueil, ce qu'a réussi, avec un effectif plus considérable, Michel Decoust.

Mathilde Étienne a étudié la littérature à l'Université de Poitiers et l'art dramatique au Conservatoire Royal de Liège (Belgique) avant de commencer ses études de chant. Sa carrière lyrique est déjà très riche sur l'ensemble des scènes européennes, en particulier dans le répertoire baroque. Elle a également réalisé des mises en scène et se produit aussi comme actrice. En 2012 elle a été lauréate d'une bourse de l'Institut Français, ce qui lui a permis de passer plusieurs mois à Tokyo pour étudier le théâtre traditionnel japonais, en vue d'un projet concernant *Le Soulier de satin*. À ses côtés, Emiliano Gonzalez Toro est un ténor également renommé pour ses interprétations dans l'opéra baroque, jouant sous les directions d'Hervé Niquet, d'Emmanuelle Haïm ou de Christophe Rousset. Il vient de fonder l'ensemble I Gemelli, spécialisé dans la musique du XVIIᵉ siècle. Cette formation baroque partagée par les deux interprètes est, sans aucun doute, la voie renouvelée d'un apprentissage de la musique française du siècle passé et de la tradition de ses mélodies : elle permet de retrouver l'attention à la matérialité vocale des textes poétiques qui a été au fondement du genre. La soirée, loin de la France, fut un vrai succès.

Pourquoi ne susciterait-elle pas d'autres projets de concerts ou de disques autour d'un poète si apprécié des musiciens ? Le répertoire est vaste...

Pascal LÉCROART

*
* *

PARIS :
« CLAUDEL ET LA CATHÉDRALE »

Table ronde et lecture, Collège des Bernardins, 26 novembre 2018

Le Collège des Bernardins à Paris, ce haut lieu de la réflexion intellectuelle catholique inauguré par le pape Benoît XVI, a eu à cœur de participer aux manifestations du cent cinquantenaire de la naissance de Paul Claudel. Le sujet « Claudel et la cathédrale » proposé par le professeur Didier Alexandre et agréé par le père Éric Morin, cheville ouvrière du projet, était d'envergure ! Il retint pendant deux heures le public nombreux réuni dans le petit auditorium du Collège pour écouter les cinq intervenants, répartis en deux tables rondes. À tout seigneur, tout honneur, Monseigneur Patrick Chauvet, recteur-archiprêtre de la cathédrale Notre-Dame de Paris, consacra le premier exposé à une étude serrée du récit, fameux, que Claudel a donné de sa conversion. Graciane Laussucq-Dhiriart, lui succéda sur un sujet en consonance avec son doctorat récemment soutenu sur Claudel et l'art chrétien : « La cathédrale dans le milieu catholique ». Son exposé savant balaya la scène, de Chateaubriand à Huysmans. À son tour, le professeur Claude-Pierre Pérez interrogea « Le catholique dans la cité ». Ses questions ouvrent des pistes stimulantes sur les quatre obscures années (1886-1891) qui séparent la conversion de Claudel de son retour dans le sein de l'Église.

Après un court débat, la table ronde se poursuivit avec les interventions complémentaires des professeurs Pascal Lécroart et Catherine Mayaux sur la liturgie dans l'œuvre de Claudel. Le premier étudia, projections à l'appui, « La liturgie dans le théâtre de Claudel », et en particulier dans

L'Annonce faite à Marie, telle que les premiers compositeurs l'ont mise en musique. La seconde traita du rôle et de l'usage de la liturgie – thème structurant et prière en action – dans ce poignant poème qu'est *La Messe là-bas*. La voie si précisément dégagée est alors ouverte à Didier Sandre, le grand acteur, pensionnaire de la Comédie-Française. Il nous donna à entendre des extraits de ce poème qui l'habite, on le devine à son émotion contenue, depuis qu'il le récita pour la première fois sur la scène du théâtre des Gémeaux de Sceaux. Ce soir de novembre, aux Bernardins, les larmes nous montent aux yeux à l'écoute d'une confession à mi-mots, réplique pudique de la plainte de l'océan que Claudel le croyant avait dans l'oreille, là-bas au Brésil où il se sentait si seul.

Marie-Victoire NANTET

*
* *

FLORENCE :
« PAUL CLAUDEL : L'AVÈNEMENT D'UN ART NOUVEAU.
ESSAIMAGE ESTHÉTIQUE ET SPIRITUEL »

Colloque organisé à la Villa Finaly à Florence, sous la direction du professeur Dominique Millet-Gérard, 3-4 décembre 2018

Dans le cadre du cent-cinquantième anniversaire de la naissance de Paul Claudel, un colloque a eu lieu à la Villa Finaly, propriété des Universités de Paris, dans la campagne florentine. L'organisateur, Madame Dominique Millet-Gérard, professeur à l'Université de Paris-Sorbonne, a choisi un thème suggéré par une remarque de l'actrice Eleonora Duse qui, rencontrant Claudel à Florence en 1915, a salué en lui et son œuvre « l'avènement d'un art nouveau ». Le colloque a réuni des spécialistes de nombreux pays pour approfondir le sujet des échanges réciproques entre Claudel, grand explorateur des cultures, des arts et des idées du monde, et les créateurs ou penseurs qu'il a touchés directement ou indirectement au cours de sa longue carrière. Les participants sont venus d'une grande diversité de régions et de pays : le Japon, la Russie, la Pologne, la Guadeloupe, les États-Unis, l'Italie, donnant une belle preuve de l'intérêt toujours très vif pour l'œuvre du grand poète.

Le lundi 3 décembre, Mme Millet-Gérard a accueilli les participants et ouvert le colloque et la première partie du programme, « Autour du verbe », avec une communication sur « Claudel florentin : 'Philosophie du livre', Couleur et *color* ». Elle a montré les liens entre le cadre florentin du texte « Philosophie du livre », que Claudel a présenté à Florence en 1925, et le thème central de l'essai, la « philosophie » ou plutôt la « physiologie » du livre. Le poète mêle à un texte construit selon les règles de la rhétorique, classique et bien ordonné, des images descriptives et un langage plus lyrique qui exprime son admiration pour la beauté et les couleurs de la ville, en particulier le bleu. Ces thèmes sont prolongés dans son traitement de la forme matérielle des éléments concrets du livre : les volumes qui sont comme des édifices architecturaux, le rôle de la marge blanche dans la poésie, la différence structurelle dans la lecture des caractères orientaux et des mots occidentaux sur la page.

Le R. P. Jacques Servais, s.j., directeur de la Casa Balthasar à Rome, a présenté « "L'événement Paul Claudel" dans la vie et l'œuvre de H. U. von Balthasar ». Le R. P. Servais a examiné les rapports complexes entre le théologien catholique suisse Hans Urs von Balthasar et le poète et dramaturge. Il a montré en particulier que la rencontre personnelle de Claudel et de Balthasar a été une expérience bouleversante pour le jeune prêtre, un « événement » ou révélation dramatique qui a amené Balthasar à renoncer à proposer des interprétations littéraires directes de son œuvre, et à se consacrer plutôt aux traductions en allemand de ses pièces. Ces traductions font encore autorité et sont souvent utilisées dans les représentations de Claudel en pays de langue allemande.

Odile Hamot, maître de conférences en littérature française moderne et contemporaine à l'Université des Antilles en Guadeloupe, a analysé un article publié en 1901, « "De deux beaux poètes français mal connus : Claudel et Saint-Pol-Roux" par Camille Mauclair ». L'article rapprochait de façon originale deux poètes superficiellement très différents dans leurs préoccupations et leur situation personnelle, mais Mme Hamot a montré comment le critique voyait leur ressemblance dans le caractère « privé » de leur personnalité et leur éloignement des milieux littéraires à la mode, également vrais pour le diplomate voyageur, à cette époque de ses débuts, et pour le vieux solitaire en Bretagne. Mauclair rapprochait surtout les œuvres des deux auteurs dans leur intérêt pour la nature et leur usage fréquent des images et des thèmes naturels. Mme Hamot a rattaché l'article aux activités littéraires de Claudel à cette époque et a illuminé un aspect méconnu de sa réputation au début de sa carrière.

Les discussions du lundi après-midi étaient centrées sur le sujet des « Sons et Images ». Pascal Lécroart, professeur de littérature française à l'Université de Franche-Comté, a consacré sa communication à « Claudel et les musiques du monde, écoute et influences ». Il a montré l'influence de la musique non-occidentale sur Claudel, à partir des musiciens annamites vus à l'Exposition Universelle de 1889, qui ont aussi impressionné Debussy. Les nombreuses illustrations pittoresques et musicales présentées par M. Lécroart ont enrichi sa présentation sur l'ouverture d'esprit de Claudel à propos des musiques modernes du bruit et d'autres formes particulièrement novatrices du développement musical au vingtième siècle, situant cet intérêt dans le contexte de ses goûts musicaux traditionnels aussi bien que de son travail avec Darius Milhaud et Arthur Honegger.

Madeleine Achard-Bazin de Jessey, professeur agrégée de l'Université et professeur de lettres classiques dans le secondaire, a présenté « La femme, "paradis de la chair" ? Claudel et la poétique du nu ». Son analyse s'est concentrée sur la complexité de l'attitude du poète envers le corps féminin et sa représentation dans la peinture. Mme Achard a montré que dans ses études des nus féminins, en particulier ceux du Titien, Claudel cherche à spiritualiser la beauté du corps féminin et à authentifier le désir au lieu de le condamner. Elle a rattaché ces réflexions à un thème qui apparaît plusieurs fois dans ses commentaires : les nus montrés de dos, qui semblent associés à une obsession qu'il raconte dans sa correspondance avec « Ysé », un rêve où elle lui tourne le dos, suscitant une vive angoisse.

Le lendemain mardi 4 décembre, la matinée a été consacrée au thème « Orient et Occident ». Shinobu Chujo, professeur émérite de l'Université Aoyama Gakuin au Japon, a présenté « De deux exemples de co-naissance claudélienne au Japon ». M. Chujo a proposé une vision à la fois précise et panoramique de l'évolution des œuvres de Claudel influencées par ses séjours en Extrême-Orient, illustrant son discours par une collection très riche d'images des œuvres « japonisantes » du poète. Parmi celles-ci, l'édition de luxe de *Souffle des Quatre Souffles* et des analyses détaillées par M. Chujo du processus de construction des poèmes de *Cent phrases pour éventails*, illustrées par des images du manuscrit. Il a examiné l'histoire des collaborations de Claudel avec les artistes et les poètes japonais et a montré des vidéos fascinantes de représentations du Nô. M. Chujo a fini en soulignant l'importance du thème du « liber scriptus » dans la pensée et les œuvres plus tardives de Claudel, comme *Jeanne d'Arc au bûcher* et *Le Livre de Christophe Colomb*.

Nina Hellerstein, professeur émérite à l'Université de Géorgie aux États-Unis, a fait une présentation sur « Claudel illustrateur : sa collaboration avec Charlot pour *Au milieu des vitraux de l'Apocalypse* ». Mme Hellerstein a examiné la collaboration du poète pendant son ambassade américaine avec le jeune peintre franco-mexicain Jean Charlot sur le premier commentaire biblique de Claudel ; le poète a été le véritable « dessinateur » de l'œuvre, guidant l'artiste par ses conceptions théologiques et artistiques. Elle a analysé six illustrations du commentaire en montrant qu'elles présentent des idées religieuses profondes, par exemple les rapports étroits et inextricables entre le mal et le bien, sous une forme visuelle qui donne une représentation concrète au système symbolique et théologique de l'œuvre. Ainsi, le visage blanc du Christ fait face à un portrait de Satan, son exacte reproduction en noir, pour suggérer le jeu complexe des reflets entre les images du bien absolu et du mal absolu.

Maria Cymborska Leboda, professeur à l'Université Marie Curie de Lublin, en Pologne, a présenté une étude, « [...] Dieu est sur l'axe vertical de l'homme : métaphysique de l'âme, Viatcheslav Ivanov et Paul Claudel ». Viatcheslav Ivanovitch Ivanov (1866-1949), poète symboliste, traducteur, philosophe russe qui a émigré en 1924 et s'est installé en Italie, s'intéressait particulièrement au personnage et au rôle d'Anima dans l'œuvre claudélienne, l'étudiant dans le contexte de la mystique, de la religion et de la mémoire traditionnelle. Dans ce contexte, Mme Cymborska Leboda s'est référée aux études de Bachelard, particulièrement pertinentes pour cette approche critique. Elle a montré l'importance exceptionnelle du thème de la montée verticale dans la lecture de Claudel par Ivanov.

L'après-midi a été consacré à « Claudel et la Russie ». Inna Nekrassova, professeur à l'Institut d'État des Arts du Théâtre de Saint-Pétersbourg, a présenté « Les mises en scène de *L'Annonce faite à Marie* dans l'espace post-soviétique ». Elle a montré que le théâtre claudélien commence à revenir récemment sur la scène russe et est-européenne après sa découverte au début du vingtième siècle et son absence relative pendant la période soviétique. Malgré les différences religieuses, le public de ces régions semble apprécier la spiritualité et le mystère de la pièce ; Mme Nekrassova a commenté plusieurs productions contemporaines, dont un film créé à Minsk récemment ; une mise en scène lithuanienne à Vilnius en 2016 ; et une production suédoise très récente. Elle a montré plusieurs scènes filmées qui mettent en valeur l'originalité des décors et des choix de mises en scène, par exemple l'emploi des cloches pour augmenter l'impression de mystère.

La dernière communication a été présentée par Elena Galtsova, directrice de recherches à l'Institut de littérature mondiale de l'Académie des sciences de Russie et professeur à l'Université d'État Russe des Sciences Humaines (RGGU) à Moscou. Elle a présenté « *La Ville* de Paul Claudel dans le contexte culturel russe des années 1910-1920 : questions d'esthétique, de philosophie et de traduction ». La communication de Mme Galtsova s'est concentrée sur l'imaginaire de l'espace urbain dans la culture russe de la fin du XIXe et du début du XXe s. qui a servi de base pour la traduction de la deuxième version de *La Ville* de Claudel par Guéorgiy Arcadievitch Chengueli (1894-1956), poète, critique et traducteur très prolifique de littérature étrangère (entre autres, de Verlaine et de Byron). Les critiques russes voyaient dans le théâtre de Claudel la suite de l'aspiration wagnérienne à un théâtre de mystère et d'universalité. Mme Galtsova a mentionné aussi les traductions de l'époque de plusieurs pièces claudéliennes, comme *L'Échange*, *L'Annonce faite à Marie*, *Tête d'Or* et la *Trilogie*, et a montré que l'intérêt pour *La Ville* était lié aux recherches russes sur les nouvelles formes sociales que les Soviétiques poursuivaient à cette époque de formation de la nation et en même temps témoignait de l'actualité de l'imaginaire symboliste dans cet enchevêtrement des tendances caractéristique des premières années après la révolution.

Les participants se sont retrouvés dans leur enthousiasme partagé pour l'ampleur des centres d'intérêt, des contacts et des talents de Claudel qui a su toucher par son génie des domaines si variés. Les diverses communications ont montré que dès le début de sa carrière, sa pensée religieuse, ses créations théâtrales et poétiques, ses idées artistiques et théologiques ont créé autour du poète un monde d'influences qui continue jusqu'à nos jours, en même temps qu'il a absorbé et transformé en réalisations originales quelques-uns des aspects les plus fascinants des cultures qu'il a rencontrées. Le cadre florentin, avec ses musées, ses églises et sa belle architecture, a fourni un endroit idéal pour nos réflexions sur les richesses de la création claudélienne. Une visite guidée au musée des Offices a offert une vue des œuvres artistiques qui ont inspiré le poète, le dramaturge et l'essayiste ; et nous avons pu fêter l'heureuse conclusion du colloque avec un beau dîner en ville, gracieusement offert par la Société Paul Claudel. La belle Villa Finaly, comme celle évoquée par Boccace dans le *Décaméron*, était un environnement parfait pour favoriser les débats.

Nina HELLERSTEIN

*

* *

RIMINI :
ATTRAVERSO IL MARE DEL DESIDERIO,
D'APRÈS *LE SOULIER DE SATIN*

Attraverso il mare del desiderio, spectacle théâtral librement inspiré par le chef-d'œuvre claudélien *Le Soulier de Satin*, a été mis en scène le 20 août 2018 à Rimini, célèbre localité balnéaire italienne. Le spectacle a inauguré la 39ᵉ édition du *Meeting pour l'amitié entre les peuples*, festival culturel international annuel.

La pièce, représentée en Italie pour la première fois, a été produite par le Meeting avec la collaboration de la *Sagra Musicale Malatestiana* et de la Région des Pouilles et a bénéficié du patronat de la Société Paul Claudel. Otello Cenci a conçu la réalisation et l'écriture du texte (à partir de la traduction italienne de Simonetta Anna Valenti) avec Giampiero Pizzol et Agnese Bezzera. La chanteuse Mirna Kassis, les musiciens Yazan Alsabbagh et Fabio Mina ont créé la composition de la musique et son exécution en direct.

La grande histoire d'amour entre Doña Prouhèze et Don Rodrigue (joués par Benedetta Dimaggio et Massimo Nicolini) a été choisie pour rendre hommage à Paul Claudel à l'occasion des célébrations de l'année en cours et pour inviter le public à participer au Meeting, organisé cette année autour de la citation de Luigi Giussani « Les forces qui font bouger l'histoire sont aussi celles qui rendent l'homme heureux », qui a donné son titre à cette édition.

Le texte de la pièce est le résultat d'un long travail d'étude sur *Le Soulier de Satin*. En effet, comme il a été conçu pour un public d'environ 3000 personnes assises autour d'un bassin d'eau marine encadré par le pont de Tiberio, servant de scène, au lieu de l'espace traditionnel du théâtre, l'immense œuvre claudélienne a été représentée à partir d'un choix de scènes les plus explicitement dédiées au thème du désir. Pour encadrer le récit, le rôle du narrateur a été attribué au personnage de l'*Irrépressible* (joué par Maurizio Donadoni). Grâce à cet expédient le spectacle a montré au public, en moins de deux heures, la complexité et la beauté du théâtre claudélien.

Bien accueillie par le public italien, la réalisation du spectacle a mis en relief des aspects très intéressants de la pièce originale, comme le côté comique, l'importance du rôle de l'eau et les projections d'ombres futuristes imaginées par Claudel. En effet, la pièce a été jouée sur l'eau, grâce à de petits bateaux en bois qui ont permis aux acteurs de mettre en scène d'une façon inédite le chef-d'œuvre claudélien.

Agnese BEZZERA

*
* *

VILLENEUVE-SUR-FÈRE
LA MAISON DE CAMILLE ET PAUL CLAUDEL

Fondée en 1998, l'association Camille et Paul Claudel en Tardenois s'est attelée au projet de créer un lieu de mémoire dédié à Camille et Paul Claudel dans l'ancien presbytère de Villeneuve-sur-Fère, maison natale de l'écrivain. Il jouxte l'église, au cœur du village où le frère et la sœur ont passé de nombreuses vacances en compagnie de leur famille dans la maison d'en face héritée de l'oncle curé.

Après vingt années d'efforts consacrés à bâtir un projet, le décliner à travers diverses manifestions, l'ajuster aux circonstances et en convaincre les collectivités publiques, la maison de Villeneuve a été ouverte au public le 1er juin 2018.

La vieille bâtisse, quoique n'ayant pas vu grandir Paul et Camille, n'en conserve pas moins leur mémoire par toutes sortes d'attaches au village et à la campagne environnante. Remaniée au cours du temps, il a fallu la restaurer de fond en comble afin d'accueillir un public curieux de pénétrer dans l'univers concret des deux génies. À cette fin l'association a rassemblé dans la longue durée un fonds varié, fruit de legs ou d'acquisitions, dans l'attente de l'ouverture de la maison. On y découvre aujourd'hui des manuscrits, des éditions originales, des livres d'enfance (pour Paul), des sculptures, des photos d'œuvres (pour Camille). Des images de paysages, des œuvres d'art, des livres et des objets du quotidien liés à l'écriture et à la sculpture aiguillent le visiteur vers les sources et moyens de leur inspiration.

LE PRESBYTÈRE DE VILLENEUVE-SUR-FÈRE

Le village situé entre la riche plaine du Soissonnais et la vallée de la Marne et ses vignobles est le point le plus élevé du Tardenois (230 mètres). À la fin du XIXe siècle, Villeneuve est un village pauvre. Il l'est encore aujourd'hui, comptant 280 habitants isolés des grands axes de circulation, mais à une heure de Paris cependant.

En 1796, le presbytère de Villeneuve est acheté comme bien national par les ancêtres maternels de Louise-Athanaïse Claudel (la mère de Camille et de Paul). Sauf l'acte de vente conservé aux Archives départementales de l'Aisne, son histoire est peu documentée. Quand Louis-Prosper Claudel (le père de Camille et de Paul) est nommé à Bar-le-Duc en 1870, la maison est revendue à la commune. Elle reprend alors son statut de presbytère jusque vers 1960. En 2000, elle est vendue par la commune de Villeneuve au Conseil général de l'Aisne. Ce dernier sauve le bâtiment de la ruine (clos et couvert), puis le cède à la Communauté de communes en 2012 afin d'en faire un lieu d'évocation des deux artistes.

LE PROJET

Il s'inscrit dans un très bel environnement d'autant plus aisé à explorer que Paul Claudel l'a merveilleusement décrit dans son premier théâtre et dans les essais consacrés à son pays. Citons la Hottée du Diable, promenade chère à Camille et Paul et site désormais classé et géré par le Conservatoire d'espaces naturels de Picardie. Si, aujourd'hui, Villeneuve est connu, cela tient aux deux artistes indissociables de ce lieu. Aussi la scénographie proposée doit-elle en rendre compte. En accord avec le conservateur général du patrimoine du département et en partenariat avec l'association Camille et Paul Claudel en Tardenois, les aménagements muséographiques ont été conçus dans le respect du caractère originel et original de la maison et de son environnement. Deux grands thèmes se dégageant des œuvres et du fonds se sont imposés. Le premier est « La nature, l'environnement, l'enfance ». C'est au cours de leur enfance que Paul et Camille se sont pénétrés de ces lieux âpres, sauvages, pleins de recoins mystérieux, qui nourriront leur œuvre, directement ou indirectement. Le second thème est bien sûr « La création : la lecture et l'écriture – la sculpture et sa pratique ». Elle est particulièrement bien mise à l'honneur par les photos que la regrettée Anne Schaefer a tirées des sculptures de Camille Claudel, photos qu'elle a léguées à l'association[6].

LE PARCOURS

L'ancien presbytère est un bâtiment orienté est-ouest, de 295 m^2, sur trois niveaux : quatre pièces au rez-de-chaussée desservies par trois entrées : une sur la façade et deux sur le jardin. Toutes les pièces comportent une cheminée. Un large escalier mène aux trois chambres de l'étage, desservies par un couloir éclairé par trois fenêtres donnant sur le jardin. Le grenier recouvre la totalité de la maison. La circulation est facilitée par de larges couloirs. L'objectif était de conserver le charme et le caractère authentique de la maison restée dans son jus depuis l'époque où la famille Claudel l'habitait, sachant cependant qu'elle était vide et qu'on ne voulait pas reconstituer artificiellement l'intérieur.

Le rez-de-chaussée

Dans l'ancienne cuisine (transformée en un petit salon-bibliothèque), la présence de la famille à Villeneuve est rappelée par des photographies. Les habitants, ou plutôt les habitantes sont figurées par les portraits qu'en a faits Camille (Eugénie Plé, Victoire Brunet, Maria Paillette). Une vitrine expose de nombreuses éditions originales ou illustrées des écrits de Paul Claudel. Les deux autres salles du rez-de-chaussée sont dédiées à Camille Claudel sculptrice. Son atelier est évoqué à travers des sculptures, copies ou originaux, et une vitrine présentant les outils du sculpteur permet de comprendre le travail de l'artiste. Une œuvre de jeunesse *Diane* (buste en plâtre acquis par la Communauté d'agglomération de la Région de

---

6   L'inventaire du fonds en partie réalisé de façon artisanale devra faire l'objet d'un récole-
    ment et d'une informatisation par des professionnels de la conservation.

Château-Thierry) est déposée dans la maison. Deux grands portraits de Camille au travail dans son atelier, à 22 ans modelant *Sakountala* et à 41 ans devant sa dernière grande œuvre *Persée et la Gorgone*, et un bel ensemble de ses œuvres photographiées par Anne Schaefer donnent idée de sa carrière artistique. Dans la seconde salle, qui pourra recevoir des expositions temporaires, outre des œuvres célèbres comme *La Valse*, ou moins connues comme une étude pour *Sakountala*, un diaporama retrace le parcours biographique et artistique de Camille Claudel.

Le premier étage

Par ses larges fenêtres le couloir qui distribue les trois chambres du premier dédiées à Paul Claudel, ouvre sur le jardin. Il préfigure l'appel du large et le désir de partir au loin auquel a répondu très tôt le futur diplomate[7]. Un jeu en écho de photos de paysages et de textes de Claudel met en perspective une des sources de sa création. Au fond du couloir, dans un petit espace fermé, une vidéo déroule le parcours diplomatique de Claudel. Le ton est donné dès l'entrée par la photo du voyageur au manteau et ce vers tiré d'un des poèmes de *Vers d'exil* « Paul, il nous faut partir ».

D'autres lieux liés au premier théâtre de Paul Claudel, tels l'église, la ferme de Combernon, la Hottée du Diable, ou l'abbaye d'Igny jalonnent le parcours comme autant de témoins de leur enracinement dans l'œuvre. Dans la chambre natale de Paul Claudel (la première du parcours), l'idée directrice est de l'accompagner, de l'enfance aux retours à Villeneuve jusqu'à un âge avancé. Des textes fondateurs comme *Mon pays*, *Le pays de l'Annonce faite à Marie*, *Tête d'Or* sont reproduits sur des kakemonos, ou projetés sur les murs. La voix du poète se donne à entendre grâce à la diffusion des passages de ses entretiens avec Jean Amrouche où il parle de son enfance. Des éléments biographiques et des photos d'archives complètent cette proposition. Dans une vitrine centrale une présentation de livres d'enfance de Camille et Paul Claudel, avec des notes et dessins de leur main rappelle le désir de s'exprimer, très ancien chez les deux artistes.

Paul Claudel est l'auteur de grands drames. Aussi, la deuxième chambre leur est-elle consacrée, sous la forme d'expositions temporaires en lien avec l'actualité théâtrale. D'une exposition à l'autre, c'est une exploration progressive qui est visée.

---

7   Complément indispensable de la maison, ce jardin est en cours de restauration.

La dernière chambre placée sous le signe des regards croisés entre Camille et Paul Claudel met l'accent sur le lien très fort qui a uni le frère et la sœur à travers des textes de Paul sur Camille, des portraits de Paul par Camille. On peut y admirer, déposé par le musée Jean de La Fontaine de Château-Thierry, son buste en bronze de *Paul Claudel à 37 ans*.

La maison est ouverte, il s'agit qu'elle vive ! Outre les animations ponctuelles (conférences, lectures, concerts), des actions en direction des publics scolaires trouveront leur place naturelle dès la rentrée scolaire. Ces actions répondent à l'attente du Rectorat engagé dans la lutte contre l'illettrisme. L'accueil d'écrivains ou d'artistes en résidence et de tournages, est également envisagé, au vu des demandes fréquentes. La Maison Camille et Paul Claudel s'inscrit, au plan national, dans la Fédération des Maisons d'écrivains et des patrimoines littéraires et, au plan local, dans le Réseau des Maisons d'écrivains en Hauts-de-France qui réunit en particulier les compatriotes du poète et de la sculptrice : La Fontaine, Racine et Dumas, par des liens aussi subtils que féconds[8]. La maison vient de recevoir le label Maison des Illustres.

Madeleine RONDIN
et Anne RIVIÈRE

---

8   Pour la première saison, la Maison de Camille et Paul Claudel fut ouverte du 2 juin au 30 septembre. Des visites guidées peuvent être organisées en s'adressant à contact@ maisonclaudel.fr

*
* *

NOGENT-SUR-SEINE
« CAMILLE ET PAUL CLAUDEL, LE RÊVE ET LA VIE »

Exposition au Musée Camille Claudel de Nogent-sur-Seine (commissariat de Cécile Bertran)

La Maison Ravier de Morestel avait déjà organisé en 2012 une exposition pionnière consacrée à « Camille et Paul Claudel, 1885-1905 : deux artistes à l'œuvre[9] ». Les deux vies entrecroisées, leurs imaginaires partagés – comme celui du Japon –, suivis à travers les influences et productions interposées, s'arrêtaient en 1905, date du séjour qu'ils firent ensemble à l'été dans les Pyrénées, mais année de « l'horrible trahison » pour Paul, et des signes avérés de la psychose qui va bientôt ravager Camille. Les points de contact et les résonances artistiques ressortaient sur ce « chemin de la vie » qui devait pourtant les éloigner définitivement l'un de l'autre, même si un lien secret a perduré en profondeur.

Le Musée Camille Claudel de Nogent-sur-Seine, qui a ouvert en mars 2017[10], a inauguré dans la foulée une exposition consacrée à « Camille et Paul Claudel, le rêve et la vie » (29 septembre 2018-20 janvier 2019) ; il s'est ressaisi de la même question d'une « intimité intellectuelle » et d'une réfraction esthétique entre le frère et la sœur, artistes exceptionnels, pour interroger plus avant le lien indissoluble et enfoui qui les a unis quoi qu'on puisse en juger. En se déplaçant des terres de Brangues (celles de Paul) à celles de Nogent-sur-Seine (celles, dans les années 1876-1879, de la cellule familiale), cette nouvelle exposition déplace aussi subtilement le regard en revenant d'abord sur un terrain de départ sinon égal du moins semblable, l'enfance, et en tentant de lire la créativité des deux artistes et leur devenir l'un à travers l'autre, à partir du lien originel de l'écosystème familial. Les salles du musée, spacieuses, bien éclairées, se prêtent admirablement à la mise en valeur des œuvres monumentales de Camille (un tirage en bronze du superbe

---

9   Nina Hellerstein a rendu compte de cette exposition accompagnée d'un catalogue (encore disponible) dans le Bulletin n° 207, septembre 2012, p. 98-100.
10 Voir la « genèse du projet » et présentation du musée faite par Françoise Magny, « Le Musée Camille Claudel à Nogent-sur-Seine », *Bulletin de la Société Paul Claudel* n° 223, 2017, p. 81-95.

Sakountala accueille le visiteur à l'entrée), comme à la lecture en aparté des lettres originales et documents rares présentés en vitrine, dont on apprécie qu'ils aient été aussi reproduits sur écran pour en faciliter la lecture intégrale.

Les œuvres de Camille exercent une attraction quasi irrépressible sur le visiteur qui y sent et y lit, au-delà de toute rationalité, une projection intérieure, sinon une prophétie, comme si la sculptrice avait été Cassandre par le choix de ses sujets et par ses modelés. L'exposition est ainsi riche d'échos qu'elle invite à cultiver dans le secret du regard. Comment en effet ne pas voir la noblesse des bustes de Paul, orgueil d'une sœur aimante, dans l'admirable plâtre patiné *Jeune Romain* comme dans celui aux clavicules marquées *Paul Claudel à 37 ans* de 1905 : le cou est dégagé, le port altier, l'arête centrale parfaitement droite, le front offert. Cela suggère à la fois la puissance, l'intelligence, la concentration : ils disent l'avenir, ou l'à venir, qui paraît d'autant mieux pressenti que le spectateur sait ce qui est advenu de ce qui se promettait là. Mais les paupières légèrement tombantes ou le regard aveugle de la sculpture comme la bouche fermée tempèrent cela d'une gravité éloignée de toute joie facile et qui consonne aussi avec les déports du destin. Le buste plus tardif de Rodin (1892) semble en regard renvoyer à la figure du maître sa technique du bloc mal dégrossi en le montrant engoncé, cou et barbe pris raides dans le minerai, comme frappé d'aphasie et de souci, le tout non dénué d'une puissance mais sèche et dure.

Les photographies parallèles des deux artistes jeunes émeuvent aussi par leur similarité : celles de Carjat en 1886 et 1888 montrent une Camille droite et élégante dans sa tenue rayée, chapeautée et gantée comme une dame, regardant droit dans les yeux l'objectif avec une pointe d'ironie ; et juste à côté, le jeune homme au manteau de voyageur, chapeau melon tenu à la hanche un rien dandy, qui dérobe son regard rêveur, et semble plus inquiet en comparaison – nous sommes au cœur de ces quatre années de résistance depuis que Dieu frappe à la porte de son âme. Les deux profils pris par Gustave Schmidt soulignent une complicité pleine d'humour, le bicorne du vice-consul coiffant Camille après Paul, Camille dont la beauté et la fierté éclatent encore en cette année 1893.

Mais d'autres œuvres font courir l'interrogation sur la manière dont les membres d'une même famille se sont éprouvés les uns les autres : les rides profondes de Louis-Prosper et son regard dénué de pupilles sur le fusain réalisé par Camille l'enfoncent dans un au-delà indéfini et semblent voiler le chagrin que lui cause l'évolution de sa fille ; mais la lettre bouleversante qu'il envoie à son fils à l'été 1909 dit son infini souci et l'espoir que Paul saura le relayer et stabiliser Camille. Le *Buste de femme*, un plâtre sculpté vers 1888-1890, qui représente vraisemblablement Louise-Athanaïse, dit, au-delà des formes encore douces d'une rondeur qui se perd, la résignation qui pointe sous le regard baissé, la souffrance et l'amertume à l'affût qui rendront cette mère blessée intraitable face aux supplications de Camille une fois qu'elle sera enfermée à Montdevergues.

Une même moue des lèvres semble d'ailleurs passer de l'un à l'autre de ces êtres divisés par la vie, des premiers bustes de Paul et de ce dessin au crayon de couleur de 1884, presque boudeur, à Louise où elle est la plus inexpressive dans la terre cuite lisse de 1886 ou le pastel de 1887. On la retrouve, ô combien plus chagrine, sur les photos où Paul, âgé et pourtant accompli par la vie, tient affectueusement le *buste de Camille aux cheveux courts* sculpté par Rodin, ou, plus terrible encore, où il pose vers 1950 assis sous la sellette qui porte *L'Abandon* : la détresse est là, le désespoir à la pensée de Camille, le sentiment de culpabilité qui le ronge dont témoigne aussi son Journal dès avant sa mort en 1943. A-t-on remarqué qu'entre la photo de la vieille Camille assise prise en 1929 à Montfavet par l'objectif de William Elborne et celle de Paul en 1950 se retrouve une même façon de se tenir assis et de serrer ses mains, la gauche enserrant la droite ?

Mais l'empathie familiale éclate surtout dans la manière dont le frère parle de la sculpture de sa sœur et la comprend : la sensibilité artistique et la compassion sont servies par la qualité d'expression et les mots de poète. L'exposition nous permet, privilège insigne, de relire les textes écrits par Claudel notamment dans « Camille Claudel, statuaire » (1905), ou dans « Camille Claudel » (1951), face aux œuvres elles-mêmes, éclairées dans la splendeur des reflets du bronze ou du marbre, *L'Abandon* et *Vertumne et Pomone* (1905). Le musée présente tout à côté *Le baiser* de Rodin (1885) pour mieux expliciter l'inversion des rôles et le sens des gestes que décrit Claudel, pour faire sentir la différence de conception de l'amour chez l'un et l'autre sculpteur, pour trancher le mauvais procès fait à Camille d'avoir été inspirée par le maître. Le bouleversant plâtre de *L'Âge mûr* première version (1890-1893), où la main du vieil homme est encore tenue serrée contre elle par la jeune femme à genoux, avoisine le tirage en bronze de la seconde version réalisée dans les années qui suivent (1893-1898), où cette fois, l'implorante s'offre nue, bras levés dans le vide et déjà proche de l'abattement : « cette jeune fille nue, c'est ma sœur! Ma sœur Camille [...] Implorante, humiliée, à genoux et nue! Tout est fini! C'est ça pour toujours qu'elle nous a laissé à regarder! Et savez-vous? ce qui s'arrache à elle en ce moment même, sous vos yeux, c'est son âme!» Paul sait de quoi il parle, lui qui a vécu pareil arrachement mais a gardé maîtrise de sa vie grâce aux attaches terrestres et spirituelles, lui qui, pour mettre en scène un passage de la seconde Journée du *Soulier de satin*, invite J.-L. Barrault en 1943 à s'inspirer d'une pose du *Sakountala* pour représenter la scène de l'ombre double.

L'exposition nourrit aussi la réflexion par tous les documents authentiques qui permettent d'aller aussi loin que possible dans la compréhension de cette histoire douloureuse et d'expliquer au visiteur qu'elle ne peut se réduire à la responsabilité d'un seul acteur de ce drame. Les comptes rendus médicaux sont exposés et témoignent du diagnostic de délire de persécution de Camille, de sa mise en danger à la laisser persister dans son isolement; sont aussi présentées la page du registre de placement à Ville-Évrard, avec la signature de Louise-Athanaïse, des lettres de Camille à son frère envoyées avant et après son internement, celle du père, inquiet, déjà évoquée. Tous ces documents ne laissent pas d'émouvoir sans apporter plus de réponse toutefois que le vertige d'une valse au déséquilibre un peu trop manifeste, les regards douloureux ou voilés des dessins et photographies, ou la transcendance de l'œuvre qui, peut-être, a transfiguré Camille en Don Camille, personnage inquiétant s'il en est.

Un catalogue de grande qualité, tant scientifique que matérielle, reproduisant quantité d'œuvres et de documents, assortis d'études précises et bien renseignées, a été publié à l'occasion de cette exposition[11].

Catherine MAYAUX

---

11   Voir la bibliographie de ce Bulletin.

*
* *

PARIS
« PAUL CLAUDEL : VOYAGES DANS L'ESPACE DES LIVRES »

En partenariat avec les Bibliothèques Jacques Doucet, Sainte-Barbe et Sainte-Geneviève

Paul Claudel : Voyages dans l'espace des livres vient clore l'année de célébrations du cent cinquantième anniversaire de la naissance de Paul Claudel en mettant en valeur plusieurs réalisations du livre dans son œuvre. Trois institutions, la Bibliothèque littéraire Jacques Doucet, la Bibliothèque Sainte-Barbe et la Bibliothèque Sainte-Geneviève, sont au départ de cette exposition, modeste mais précieuse, logée dans des vitrines dédiées au cœur du Quartier latin. Huit vitrines à Sainte-Geneviève, cinq autres à Sainte-Barbe ont été disposées dans les halls respectifs du 14 septembre au 14 décembre 2018 pour accueillir des ouvrages issus des fonds prestigieux de la Bibliothèque littéraire Jacques Doucet et de la Bibliothèque Sainte-Geneviève. Des cloisons bleues, inspirées des papiers découpés d'Audrey Parr pour *L'Homme et son désir, poème plastique* (1917), créent à Sainte-Geneviève deux enclos ouverts sur un côté abritant chacun quatre vitrines. Des panneaux bleus analogues servent de toile de fond à l'angle qui héberge les cinq vitrines de Sainte-Barbe. Un excellent petit catalogue mis à disposition du public porte en couverture de formes orthogonales bleues dans lesquelles se détachent des femmes graciles et nues qui représentent les heures, et les mêmes tons bleus régissent jusqu'à l'affiche et les cartels de l'exposition. Accompagner les visiteurs, l'effort est sensible, et apprécié, car ces lieux, essentiellement de passage, très différemment éclairés, ne sont pas *a priori* les endroits idéaux pour accueillir et mettre en valeur les magnifiques éditions pensées par Paul Claudel ou réalisées à son initiative. Malgré tout, elles nous font voyager, et ce voyage, commencé dans ces halls arpentés par des étudiants, est aussi un trait d'union d'une bibliothèque à l'autre.

Voyages est à entendre de plusieurs façons. Ce sont d'abord des stations, chacune pensée en l'espace d'une vitrine, sur les brisées du poète-ambassadeur en mission. Quelques-unes seulement, arrêtées en fonction des réalisations les plus séduisantes. La toute première est d'ancrage. Deux manuscrits de jeunesse, en partie autographes, *La Ville* et *Tête d'Or*, y figurent dans les reliures que Pierre Legrain avait ultérieurement projetées pour Jacques Doucet. Le voyage commence pour de vrai avec *L'Homme et son désir, poème plastique* d'Audrey Parr et de Claudel avec la musique de Darius Milhaud, conçu au Brésil en écho à l'émotion suscitée par le spectacle des Ballets russes. On le découvre dans deux versions, l'exemplaire n° XV à Sainte-Geneviève et l'exemplaire n° I à Sainte-Barbe, et dans deux dispositions différentes, dont la première, ingénieuse, donne à lire d'un côté le manuscrit tracé par Claudel sur une des faces de l'accordéon, astucieusement complétée de l'autre, les collages de papiers noir, or et blanc sur fond bleu au-dessus de dessins et des notes de la partition, reflétés dans un miroir. Le livre est ainsi prolongé par l'air de musique comme dans *L'Ours et la Lune* (avril 1917), lui aussi conçu au Brésil, qui a inspiré une partition à Darius Milhaud pour trois voix qui déclament avec tambour (novembre 1918). Puis vient la station la plus longue, les livres inspirés par le Japon et faits au Japon. Dernière station, la Chine, clôt le parcours à Sainte-Barbe.

Ce sont ensuite des voyages de l'objet livre lui-même, des échanges entre formes et traditions qui oscillent entre Orient et Occident. L'exposition privilégie les créations nippones où se mêle quelque esprit français. *Sainte Geneviève*, patronne de la résistance française pendant la Grande Guerre, prend la forme d'un leporello publié par Claudel à Tokyo entre deux planchettes de bois comme un poème de piété nationaliste mais dans une forme héritée des traditions japonaises. Il est accompagné de compositions d'Audrey Parr, de Noémi Pernessin et du peintre japonais Keisen Tomita. Son enveloppe japonaise de soie bleue arbore un avis de paraître tricolore qui le ramène brusquement au lieu de l'origine alors même que sur son verso se déploie un des douze poèmes de *La Muraille intérieure de Tokyo* composé par Claudel en 1923. Il est rare de le voir exposé sur ses deux faces, ce qui devient possible ici grâce au concours de deux fonds différents. Une vitrine est consacrée aux quatre grands éventails du *Souffle des Quatre Souffles* de Claudel et de Keisen Tomita (octobre 1926). La suivante accueille *Hyaku sen shô / Recueil de cent éventails* (décembre 1927), réalisé au Japon sous forme de trois livres-éventails plissés en continu qui marient les caractères latins aux idéogrammes. L'édition japonaise est jouxtée de la version française, *Cent phrases pour éventails* (Gallimard, 1942). Il n'a pas été possible d'exposer la grande chemise du *Souffle des Quatre Souffles* qui montre la dette de cette réalisation à la tradition occidentale. Il y manque également l'étape intermédiaire, le grand recueil de *Poëmes du*

Pont des Faisans (novembre 1926) pour lequel il aurait fallu faire appel au Cabinet graphique du Centre Georges Pompidou et à un de ses trois exemplaires[12]. En revanche, une vitrine est dédiée à *L'Oiseau noir dans le soleil levant*, un livre occidental qui porte dans le titre le nom japonais de Claudel, "oiseau noir", orné des compositions de Foujita, magnifiquement reproduites par le procédé Jacomet. Les pages sont ouvertes sur des passages mystérieux de deux exemplaires, avec et sans les eaux-fortes de l'artiste. Enfin, le plus séduisant de ces livres-objets, la planche-placard, tout ensemble feuillet, affiche et estampe du *Vieillard sur le mont Omi* avec ses dix-huit poèmes savamment dispersés sur sa surface[13]. La disposition en vitrine lui est favorable et l'on peut laisser libre cours à son imagination à partir de cette phrase dans « À minuit » : « cette espèce d'énorme paon blanc qui s'épanouit dans le frisson d'un million de girandoles de cristal ».

Car le troisième de ces voyages est imaginaire et confié au visiteur. Les voyages sont les vols virtuels des pages captives du silence des vitrines, immobiles dans l'ouverture de leurs feuillets, prisonnières de l'entre-deux d'un objet sans feuilletage, ni livre, ni peinture, qui fait signe vers la rêverie active qui le réalisera. On n'a pas inventé, on ne peut inventer, d'autre mode d'exposition du livre que la vitrine, mais ce concert de formes un instant captées par l'accordéon déployé, ce canevas qui ne peut être l'œuvre pensée par Claudel, en devient la promesse. L'exposition est alors invitation à découvrir, voire recréation imaginaire du livre par le spectateur, ce lecteur debout, déchiffrant les lignes tracées du poète. L'œuvre de Paul Claudel revient souvent à un homme hanté par le souvenir d'une femme aimée et disparue. C'est le sujet de *L'Homme et son désir*. De ce scénario, le poète a fait un livre bâti sur le pli où se loge le désir – désir de la femme perdue et désir du livre. Son lecteur-spectateur pourra s'imaginer en train de déplier et de feuilleter, entouré de livres objets qui livreront leur poésie à son toucher fictif, de même que le vieillard du mont Omi a tracé dans un des encadrés en petites capitales : « À minuit j'allume ma lampe et aussitôt les sentences et les peintures m'apparaissent de toutes parts suspendues autour des parois de ma hutte. » Une incitation à la fantasmagorie du livre.

---

12 Sur la continuité entre ces recueils et l'idée du livre-éventail dans l'œuvre de Claudel, voir Évanghélia Stead, « Paul Claudel et le livre-éventail », *BSPC*, 2018-1, n° 224, « Le livre », p. 23-40.

13 Sur cette réalisation, voir Sophie Lesiewicz, « Mise en page du *Vieillard sur le Mont Omi*, étude génétique et bibliographique d'une "amusette typographique" », *BSPC*, 2016-2, n° 219, « Paul Claudel et l'Extrême-Orient, dialogue », p. 11-46.

L'exposition *Paul Claudel : Voyages dans l'espace des livres* est au fond comme la « tranche miroitante » d'un des plus beaux livres qui nous soient montrés : *Connaissance de l'Est,* édité par Georges Crès en 1914 à Paris dans la collection coréenne dirigée par Victor Segalen, mais imprimé sur les Presses de Pei-T'ang à Pékin, ou plutôt à Pei King, la « capitale du Nord ». Le livre est ouvert à sa magnifique page de titre où caractères latins et idéogrammes se rencontrent. Broché à la chinoise, il compose sur la pliure externe de ses pages rabattues sur leur face muette un mince dessin en continu, la tranche chatoyante qui nous fait entrevoir des mirages de livres.

Il y a peu de fautes matérielles dans cette exposition à part le terme envahissant d'*illustration* qui s'impose dans les étiquettes à la place du vocabulaire plus finement choisi de ces belles éditions. C'est dommage. *Illustration* transforme et uniformise des pages de titre et des objets bien plus nuancés, comme le montre la deuxième édition du *Vieillard sur le mont Omi,* sous-titrée *papillons et ombres de papillons par Audrey Parr* (Paris, Société d'Éditions Le Livre, 1927).

On saluera en conclusion la décision des bibliothèques d'offrir plusieurs de leurs trésors aux lecteurs de passage dans des espaces en réalité peu appropriés, qui ont néanmoins l'avantage de mettre en avant une politique résolue de partage. Et l'on plaidera pour que l'Université sache le reconnaître en mettant à disposition un lieu d'exposition qui pourrait accueillir de belles initiatives comme celle-ci.

Évanghélia STEAD

NÉCROLOGIE

XAVIER TILLIETTE

Le cher P. Xavier Tilliette, sj, nous a quittés. C'est une immense intelligence, une grande personnalité de savant, d'homme d'Église, d'ami généreux et fidèle qui s'en est allée – même si, depuis le fatal accident vasculaire cérébral de 2007, il était bien diminué et avait quasiment cessé d'écrire ; mais parfois ressurgissaient son beau sourire et son profond regard bleu-gris.

Le P. Tilliette faisait partie de ces jésuites, comme ses aînés Lubac et Balthasar qualifiés d'« hommes les plus cultivés de leur époque », dont le savoir considérable, précis et modeste s'associait à une vie de prière continue et efficace, qui les faisait rayonner sur leur entourage. Il se trouve que les trois s'étaient passionnés pour Claudel : tous les poètes ne peuvent pas se prévaloir d'une telle suite ! Mais le P. Tilliette, le plus jeune, est le seul des trois à ne l'avoir jamais rencontré – simplement aperçu, furtivement ; il évoque, de son ton volontiers quelque peu mordant[1], *L'Annonce* du théâtre Hébertot en 1948 :

> Ce spectacle fut l'unique fois où je vis, sans oser l'approcher, Paul Claudel en chair et en os, vieil homme hilare. Assis sur un fauteuil du premier rang, il s'applaudissait lui-même et ses acteurs, son large visage empourpré de béatitude[2].

Le compagnonnage avec le poète était alors récent, datant des années de la guerre et du juvénat du jeune jésuite sous la houlette du P. Charmot, ainsi que de la proximité des déjà grands claudéliens, Varillon, Daniélou. Mais ce fut une manière de coup de foudre. Le Père Tilliette se revoit

---

1   « Dans la mesure où je puis me définir, sans complaisance ni sévérité excessive, je dirai que je suis méchant sur fond d'indulgence et de bonté plutôt que bon sur fond de méchanceté » (« Confession d'un jésuite », *Conférence* n° 21, automne 2005).

2   X. Tilliette, sj, *Le Jésuite et le Poète, Éloge jubilaire à Paul Claudel*, Éditions de Paris, 2005, Introduction, « Ma vie claudélienne », p. 20. – Est-ce le 12 mars 1948 (*J2*, p. 632) ?

« dans le silence nocturne du dortoir, camouflant la lampe de chevet, penché sur les versets énigmatiques et véhéments [de *Partage de Midi*], le cœur battant[3] ». Lui que passionnaient les histoires romanesques attendait avec l'impatience du psychologue et du directeur de conscience la publication des *Lettres à Ysé*. J'ignore si Gérald Antoine lui en avait offert la primeur avant qu'il ne fût trop tard.

Né le 23 juillet 1921 à Corbie dans la Somme, dernier enfant d'une famille nombreuse qui a donné plusieurs prêtres à l'Église, il est entré à dix-huit ans au noviciat jésuite à Laval. Il raconte la formation très austère qui y était dispensée dans un texte resté inédit, « Comment c'était », sévère à l'égard du relâchement de la Compagnie à la suite de Vatican II, évocation d'« une Atlantide submergée, la Compagnie de Jésus telle qu'elle n'est plus[4] ». Il y reçut un fort enseignement de philosophie, de théologie et de lettres, ayant passé la licence à Lyon. Il était grand amateur de poésie et savait déjà des centaines de vers par cœur (il en écrivait aussi) : « Je me suis longtemps considéré comme un braconnier, un transfuge de la littérature [...] Étroitement serré dans le corset des contraintes religieuses, qui étouffait mes velléités lyriques, j'étais un jeune poète mort auquel le critique survivait, vampirisant mes lectures[5] ». Il lui en reste sa plume raffinée, son amour du bon style et du mot recherché. Au scolasticat on avait gardé la coutume du théâtre jésuite et il participa activement aux répétitions de *L'Annonce*. Ordonné en 1951, il se destinait à devenir missionnaire en Chine ; mais un jésuite ne fait pas ce qu'il veut, et il fut envoyé... à Salamanque ; après quoi on l'orienta vers la philosophie allemande, qui devint sa spécialité avec sa grande thèse sur Schelling (1969) ; il enseigna la philosophie successivement au collège Saint-Louis de Gonzague, au *Studium philosophicum* de Chantilly où il résida de longues années, au Centre Sèvres, à l'Institut catholique de Paris (1969-1987), et à l'Université grégorienne de Rome où il passait six mois par an. Ses étudiants, j'en ai eu récemment un témoignage, ont gardé de lui le souvenir ému d'un professeur soucieux d'excellence, attentionné et attachant. Il était constamment convié à participer à des congrès, à prononcer des conférences, à enseigner comme professeur invité dans la plupart des pays d'Europe, mais aussi au Chili et au Pérou. Je ne m'appesantirai pas ici sur

3   *Ibid.*, p. 18. Il s'agit de la première version, dont il avait une copie dactylographiée.
4   « Dans mes propres affaires », *in* A. Russo et J.-L. Vieillard-Baron, *La Filosofia come santità della ragione, Scritti in onore di Xavier Tilliette*, Trieste, 2003, p. 15. Mêmes développements dans l'article de *Conférence* évoqué plus haut, ce qui valut quelques ennuis au P. Tilliette, mais aussi une lettre de soutien que lui a personnellement envoyée le pape Benoît XVI.
5   *Ibid.*, p. 11.

l'immense œuvre philosophique de ce travailleur infatigable, contenue dans une trentaine d'ouvrages (sans compter les innombrables articles) consacrés essentiellement à Schelling, Husserl, Jaspers, Merleau-Ponty, ainsi qu'à la « christologie philosophique ». Ses thèmes préférés étaient, de son propre aveu, « le Moi, l'intuition intellectuelle, la mémoire et le temps, la mort, les mythes, raison et foi, philosophie et théologie[6] ». Pour se reposer, il était féru de cinéma et avait obtenu de ses supérieurs l'autorisation, tout à fait exceptionnelle pour un religieux à l'époque, d'en fréquenter les salles. Il fut longtemps chroniqueur régulier de la revue jésuite *Études* (*Cité nouvelle* pendant la guerre) pour les rubriques de cinéma et de poésie, et y a écrit sur Mallarmé, Pierre Emmanuel, Loys Masson, et pratiquement tous les grands poètes contemporains.

Mais revenons à Claudel. C'est par lui que j'ai connu le P. Tilliette. Alors que j'étais immergée dans la rédaction de ma thèse d'État, en 1985, je lus dans le *Bulletin* du premier trimestre (n° 97) l'homélie qu'il avait prononcée pour la messe anniversaire de la mort du poète cette année-là. Vivement frappée par ce texte, sa justesse de ton, sa fermeté à défendre la vérité, j'eus l'audace de lui écrire. Il résidait alors aux Fontaines, à Chantilly où j'allais chaque semaine voir ma grand-mère. Nous nous y rencontrâmes et ce fut le début d'une indéfectible amitié. Je lui demandai d'être dans mon jury de thèse. Il me répondit qu'il était très sévère. Je pris le risque. Il fut rigoureux et charmant. Par la suite, il arriva souvent qu'il vînt dîner en toute simplicité chez ma grand-mère très honorée de recevoir un Père jésuite. Et quand il était à Rome, nous échangions une très régulière correspondance. Puis il y eut la collaboration, qui dura plusieurs années, pour la nouvelle édition des œuvres dites « exégétiques », la suppression fort mal venue, au dernier moment, de sa belle préface qui, heureusement, ne tarda pas à être publiée dans le *Bulletin* (n° 150), et fut reprise dans *Le Jésuite et le Poète* (« La Bible du poète »).

Ce volume, excellente initiative de l'abbé Claude Barthe, rassemble dix-huit articles consacrés par le P. Tilliette à Claudel. Le titre offusquait sa modestie. Le contenu la pulvérise : sur les quarante années que couvrent ces essais publiés entre 1964 (l'admirable « Tête d'Or au croisement des routes » dans les *Mélanges* offerts au P. de Lubac) et 2005 (« Claudel et Thérèse d'Avila », dans le *Bulletin*), c'est toujours la même science (le P. Tilliette a lu tous les critiques de Claudel, il a connu tous les grands claudéliens de la première génération[7]), la même

---

6   « Dans mes propres affaires », art. cité, p. 16.
7   Voir « Claudéliens que j'ai connus », *Le Jésuite et le Poète*, *op. cit.*, p. 171-180.

densité, la même justesse, la même fermeté aussi dans l'affirmation de l'évidence, qui est qu'on ne peut dissocier le grand poète Claudel de son catholicisme flamboyant. Un jésuite ne peut dire autre chose ; mais le P. Tilliette est bien là pour le dire :

> je voudrais à nouveau tenter de tordre le cou à la légende du Claudel barbare et païen, qui s'alimente principalement à *Tête d'Or*. [...] La pertinence des lectures « laïques » n'est pas en cause, mais l'important, le nécessaire est ailleurs, et ce qui compte, comme Claudel l'enjoint au grammairien, c'est chercher le centre, qui donne le sens de tout[8].

Le philosophe qu'il est consacre un article à « Claudel philosophe » où il démêle finement les éléments « d'une philosophie qui ne se donne pas au premier coup d'œil et qui se dispense d'un langage technique[9] », mélange de « thomisme de principe qui s'accommode de phénoménologie », et d'une « conception vibratoire, vibratile de l'univers » qui s'apparente à celle de la *Naturphilosophie*. Le jésuite s'intéresse à « L'inspiration igna-tienne du *Soulier de Satin* », à la relation du P. de Lubac à Claudel, à celle, « rendez-vous manqué », du poète avec Teilhard de Chardin. Il ne néglige pas pour autant les autres sources spirituelles (les deux saintes Thérèse). L'amitié de Reine-Marie Paris a très tôt mis le P. Tilliette au fait de la redécouverte de l'art de Camille, « Eurydice deux fois perdue[10] ». Il consacre aussi quelques pages à Françoise de Marcilly dont il a édité une partie de la longue et touchante correspondance avec le poète.

Ce n'est pas un Claudel éthéré que nous présente le P. Tilliette. Il sait très bien parler de son exubérance, des « composantes cosmiques, psychologiques, gnostiques qui ouvrent une voie d'accès esthétique non exclusive[11] » à son œuvre, et son sens de l'humour, toujours très présent, s'en réjouit. Un verbe aussi puissant n'eût pu jaillir d'une personnalité atone ; le P. Tilliette mesure ainsi, et d'autant mieux, la complexité de Claudel, sa face obscure qui est aussi le soubassement de son œuvre :

> Songe-t-on assez, quand on parle de lui, au fardeau épouvantable du génie, qui vous rend à jamais étranger et *perdu* au milieu d'un peuple imbécile et vain ? Sa sœur Camille n'a pu le supporter, Arthur Rimbaud s'y est brûlé vivant, Paul Claudel s'est sauvé à force de foi et de discipline, mais à quel prix de secrète douleur[12] ?

---

8   *Ibid.*, p. 27.
9   *Ibid.*, p. 65.
10 « Camille Claudel au Musée Rodin », *ibid.*, p. 165-170.
11 *Ibid.*, p. 135.
12 *Bull.* n° 97, p. 3.

Le P. Tilliette prononçait ces mots en 1985, pour le trentième anniver-saire de la mort du poète. Trente-trois ans plus tard nous avons célébré le cent-cinquantenaire de sa naissance, et c'est le moment que le Père a choisi pour nous quitter. C'est une grande tristesse de ne plus avoir la protection de sa grande ombre savante et souriante, faite d'acribie (un mot qu'il aimait bien) et d'indulgence. Il connaissait admirablement Claudel, et aimait à raconter toutes sortes d'anecdotes qui lui avaient été rapportées et que sa mémoire colossale avait conservées. Cela est parti avec lui, il nous reste l'écho de sa très grande voix, tout en docte élégance et spirituelle fermeté :

> Rien n'a égalé pour le tout jeune jésuite que j'étais, attaché au mât de l'obéissance, l'enivrement de *L'Annonce*, de *Partage de Midi*, du *Père humilié*, du *Soulier de Satin...* Aussi cette célébration est-elle [...] une action de grâces, un profond merci au poète et à Dieu qui nous l'a donné. Oui, reconnaissance à Paul Claudel ; il a illustré, mais surtout vivifié ce siècle qui tire à sa fin ; il y a répandu à profusion les fruits de sa maturité et de son génie, les semences de son action charitable, les splendeurs d'une écriture et d'une pensée ruisselantes de la parole de Dieu[13].

Dominique MILLET-GÉRARD

XAVIER TILLIETTE PHILOSOPHE

En 1962, alors qu'il travaille encore à explorer la pensée de Schelling, Xavier Tilliette exprimait la joie qu'il ressentait à respirer le même air que Jaspers, Merleau-Ponty ou Gabriel Marcel. Il écrit qu'en dépit des écarts, une même fidélité au monde contemporain les relie à eux, tandis qu'il endurait comme un exil ses études austères du philosophe allemand aux rares lecteurs[14]. Vingt ans plus tard, publiant son premier livre de christologie philosophique, il évoque à trois reprises la « rumeur aveugle », le « brouhaha » des contemporains se pressant pour applaudir aux aspects les plus scabreux de la philosophie allemande dont lui-même restitue les impasses avec ironie et précision. Ses trois contemporains sont morts, et même si Xavier Tilliette signale sa lecture attentive mais

---

13 *Ibid.*, p. 1.
14 *Philosophes contemporains*, Desclée de Brower, 1962, p. 7.

distante des livres de J. L. Marion, autant que sa profonde amitié pour Michel et Anne Henry, lui-même trouve moins de nourriture spirituelle à partager avec ses contemporains. Il se revêt de « sainte mélancolie », généreux et accueillant envers tous ceux qui l'aiment, mais demeurant seul, vigilant et grandiose, comme ont bien été forcés de l'être les grands prédécesseurs qu'il se reconnaît : le père de Lubac, le cardinal Daniélou. On se tromperait lourdement si l'on pensait devoir mettre cette distance sur le compte de l'âge ou de la fatigue. Xavier Tilliette est resté jusqu'au bout fidèle à sa vocation de compagnon de Jésus. Son génie de philosophe a fait rayonner l'expérience des grandes œuvres qu'il a servies. Dans l'éblouissant motif de la mosaïque qu'il recompose, les tensions du combat spirituel sont maintenues jusqu'à nous. L'âge de ses compagnons philosophes a passé, il reste quatre grandes indications : d'abord le sens de la transcendance, qu'il faut défendre contre les assauts de la pensée qui « symbolise » en préférant la transparence du savoir à l'obscurité de la foi. Ensuite, contre les idéalisations trop faciles, le sens de ce qui, dans l'histoire, a lieu à jamais, et que jamais l'on ne verra deux fois. Enfin, la dévotion à la Croix, dans la nuit du monde. C'est autour d'elle que se construit la vision de l'Église du père Tilliette, où il importe, contre Hegel, de rendre justice à l'empereur Constantin comme à tout pouvoir, d'essence monarchique, appelé à soutenir l'Église.

Les philosophes de l'exclusive rationnelle, tel Jaspers, loin d'opposer la raison et la foi, ne font qu'opposer en eux-mêmes deux religions ou deux fois, de même origine mais non de même nature. La raison aussi a besoin de foi ; Xavier Tilliette n'a cessé de scruter cette expérience de l'Un, gloire de la philosophie, où resteront toujours liés en un éternel face à face, le Moi humain et l'Absolu. Mais Jaspers a échoué à garder le sens de la méta-morphose qui a lieu dans ce face à face que le jeune Schelling nommait intuition : « Un et Tout », « le Règne de Dieu ». Schelling l'étranger s'est avancé plus près de la vérité, en citant Homère : « Qu'il ne soit parmi eux, qu'un seul maître ». Xavier Tilliette redresse toute sa stature de jésuite œcuménique, qui ne faillit pas à la liberté quand il favorise la vérité.

Xavier Tilliette est un écrivain spirituel, même si la plus lumineuse ironie est toujours à l'œuvre chez lui. Comme il est facile de se tromper sur soi ! Dans les années soixante, les philosophes dont Xavier Tilliette est le plus proche ont en commun le refus de la pensée systématique au bénéfice d'un langage favorisant une réflexion plus intime, capable de se déprendre des fascinations de l'objectivité. Merleau-Ponty, Gabriel

Marcel appliquent la leçon de Bergson, mais s'ils s'efforcent d'adhérer à l'expérience, c'est pour réverbérer quelquefois une lumière supérieure dans le dépôt des faits et du langage commun. Il reste que la perte du contact avec la science est un prix assez lourd à payer. Xavier Tilliette a pu espérer que Jaspers, médecin, restitue l'accès à une conscience humaine plus vaste. Mais Jaspers, en fixant l'opposition du philosophe au théologien, a manqué le passage.

La science de Xavier Tilliette est la science de Dieu. Elle n'est pas un département particulier, sur le même plan que d'autres domaines de savoir ; la science de Dieu, appartenant à Dieu comme à son sujet, est donc plutôt elle aussi philosophie, elle doit et elle peut se chercher elle-même dans les philosophes, attendre d'eux et de leurs réponses, en quelque sorte sa propre formule. Le regard de Xavier Tilliette s'est porté sur la pensée de Schelling comme vers une charnière de l'ensemble de la pensée moderne. L'*intuition intellectuelle*, venue du langage mystique, et refoulée par Kant, fait retour, comme le fil rouge de toute la philosophie moderne et contemporaine jusqu'à Derrida[15].

Mais Xavier Tilliette fut original, et il n'a rien négligé.

Élisabeth KESSLER

Xavier Tilliette a soutenu sa thèse sur Schelling en 1969, mais dès 1974, il publiait ses premiers travaux de christologie. Parmi les 2000 titres recensés de ses publications, on peut retenir :

La Christologie idéaliste, 1986
L'Absolu et la philosophie, 1987
Le Christ de la philosophie, 1990
La Semaine sainte des philosophes, 1992
Le Christ des philosophes, 1993
Recherches sur l'intuition intellectuelle, 1995
Les philosophes lisent la Bible, 2001
L'Église des philosophes, 2006

---

15 *L'Intuition intellectuelle de Kant à Hegel*, Vrin, 1995, p. 247.

SŒUR SATOMI SADAYO

La Société Paul Claudel, le Cercle d'études claudéliennes au Japon et tous les claudéliens ont perdu une collègue exceptionnelle en 2018. Sœur Satomi était une amie généreuse et aimable, active dans son soutien aux activités claudéliennes au Japon et dans d'autres régions du monde. Elle a passé la plupart de sa vie à l'Université du Sacré-Cœur à Tokyo, où elle a occupé les postes de professeur dans le Département d'histoire et des sciences sociales, aussi bien que chef de l'Institut de recherches sur la culture chrétienne. Dans ses fonctions officielles, elle a accueilli des personnalités considérables comme l'Impératrice du Japon, mais aussi des visiteurs et des collègues venus du monde entier. Elle a fait des contributions appréciées aux études claudéliennes dans ses domaines de spécialité, le symbolisme et la théologie catholiques chez Claudel.

Elle a commencé sa carrière de chercheuse universitaire avec une thèse de doctorat soutenue à la Sorbonne sur « *Le Signe de la croix chez Paul Claudel*, étude d'un symbole », dirigée par le professeur Pierre Brunel et terminée en 1978. Celle-ci a été publiée chez Librairie-Éditions, France-Tosho à Tokyo en 1982 avec une préface du professeur Jean Mesnard. Parmi ses publications, l'on compte aussi « Le signe de la croix chez Paul Claudel », *L'Oiseau noir*, n° 1 (Université Sophia, Tokyo), 1978 ; une présentation sur « Claudel croyant, d'après son *Journal* (1921-1927) », au colloque international pour le cinquantenaire de la mort de Claudel à Tokyo en 2005, publiée en 2006 dans les actes, *Claudel et le Japon* ; et de nombreuses traductions en japonais d'ouvrages sur le pape François, sur Madeleine-Sophie Barat, sur *l'Évangile à la télévision*, et deux livres sur Mère Thérèse en 2014 et 2018. Elle a également participé aux Rencontres internationales de Brangues du 7-9 septembre 2001, consacrées à « Paul Claudel écoute le Japon », avec une communication sur « La symbolique claudélienne au Japon », publiée dans le *Bulletin de la Société Paul Claudel*, n° 164 (4ᵉ trimestre 2001). Elle a participé activement aux réunions du Cercle d'études claudéliennes au Japon, aidant à la préparation des activités du cinquantenaire en 2005, et présidant une session de communications à la réunion annuelle de 2007. Elle a apporté également un soutien actif aux événements claudéliens en France, assistant à de nombreux colloques au fil des années. Dans d'autres domaines d'activité, elle a joué un rôle important dans l'ordre international du Sacré-Cœur, qui appréciait et utilisait souvent ses talents de traductrice multilingue au Canada, aux États-Unis et ailleurs dans le monde. J'ai pu la rencontrer et apprécier son accueil sympathique et sa générosité exceptionnelle lors d'une visite à Tokyo en 2014. Elle va nous manquer beaucoup.

Nina HELLERSTEIN

BRUNO CURATOLO

Bruno Curatolo, dernier directeur du Centre Jacques-Petit de l'Université de Franche-Comté avant sa fusion dans le laboratoire ELLIADD (EA 4661), est décédé le 30 août 2018, des suites d'une maladie qui l'affaiblissait depuis plusieurs années, sans l'empêcher de remplir ses différentes missions d'universitaire, avec la même conviction et la même compétence.

Il était né en 1953. Ses études de lettres à l'Université de Grenoble l'ont conduit ensuite à l'Université de Paris 3 pour sa thèse de doctorat sur *Le Style de la fiction dans l'œuvre romanesque de Raymond Guérin*, dirigée par Jean-Yves Tadié. Professeur dans le second degré pendant douze ans, il a ensuite été maître de conférences à l'Université de Bourgogne, avant de soutenir son habilitation à diriger les recherches, ce qui lui a permis d'être élu comme professeur à l'Université de Franche-Comté sur le poste de Jacques Houriez en 2001, puis de prendre la direction du Centre Jacques-Petit après le départ de Catherine Mayaux en 2004.

Bruno Curatolo n'était pas, originellement, un claudélien : spécialiste de la littérature romanesque du XXᵉ siècle dont il avait une connaissance impressionnante, il s'intéressait surtout à la redécouverte d'auteurs méconnus, ce qu'il appelait la « revie » littéraire. Mais ses nouvelles fonctions l'ont entraîné à favoriser les collaborations du Centre Jacques-Petit à des projets ANR menés sous la direction de Michel Murat et Didier Alexandre et à intervenir régulièrement sur certains aspects de l'œuvre claudélienne : son *Journal*, ses relations avec Charles-Ferdinand Ramuz ou Jacques Rivière. C'est ainsi qu'il a collaboré au *Bulletin de la Société Paul Claudel* dès 2009, tandis qu'il soutenait les activités traditionnelles du Centre Jacques-Petit sur Claudel. Parallèlement, il a dirigé des projets scientifiques importants, tel ce *Dictionnaire des revues*, paru en 2014 en deux volumes chez Champion, qui compte parmi les usuels des bibliothèques universitaires. Il avait le goût des relations humaines, de la discussion, et savait fédérer les énergies, aussi bien de ses collègues que de ses doctorants.

Il avait pris sa retraite en 2015 mais était resté très actif dans la recherche universitaire. En 2016, il s'était vu remettre par ses collègues le volume *Atlantides littéraires. Les écrivains oubliés*, paru aux Annales littéraires de l'Université de Franche-Comté sous la direction d'Yvon Houssais, de France Marchal-Ninosque et de Jacques Poirier. Il devait collaborer au projet mené à présent par le pôle « Arts et Littérature » d'ELLIADD autour de la correspondance de Paul Claudel. De tout point de vue, il nous manque.

Pascal LÉCROART

ASSEMBLÉE GÉNÉRALE

Société Paul Claudel,
Assemblée Générale du 26 janvier 2019

Chers amis,

Nous voici réunis dans un Paris troublé et une France qui commence l'année dans l'incertitude sociale, politique et disons même humaine. Souhaitons pour notre pays l'apaisement et pour vous et les vôtres, santé et bonheur. Une nouvelle fois nous devons à Joël Huthwohl le privilège d'être si bien accueillis à la BNF et nous l'en remercions chaleureusement.

En 2018, nous avons eu la tristesse de voir disparaître plusieurs de nos chers claudéliens. Le Père Xavier Tilliette qui pendant tant d'années n'a cessé de participer merveilleusement au maintien de la pensée claudélienne, la Sœur Sadayo Satomi, religieuse du Sacré-Cœur de Jésus, professeur émérite de l'Université du Sacré-Cœur de Tokyo, Bruno Curatolo, professeur émérite à l'Université de Franche-Comté, Gérard Lanvin, sculpteur et membre de l'Académie des Beaux-Arts, Dominique Rozan, sociétaire de la Comédie-Française, Chantal Bronner comédienne et Jean Piat comédien, qui, tous trois, ont interprété des rôles importants du théâtre de Paul Claudel. Levons-nous pour une minute de silence en leur mémoire.

Nous tous, claudéliens, avons de la chance puisqu'en l'année 2018 nous avons pu commémorer, comme nous l'avions souhaité, le cent cinquantième anniversaire de la naissance de Paul Claudel. Nous devons, avant tout, rendre hommage à tous les promoteurs des nombreuses manifestations qui ont été organisées, en France et à l'étranger, pour célébrer cet anniversaire, colloques, tables rondes, théâtre, lectures, conférences, expositions, concerts, publications, évocations diverses à Villeneuve-sur-Fère, sa terre natale, et à Brangues, dans le cadre des journées de Brangues, articles de journaux et de revues, un ensemble impressionnant qui restera dans nos mémoires.

Nous avons publié un livret pour les signaler, les uns et les autres ; nous avons pris les mesures et les contacts nécessaires pour le succès de cette entreprise collective et les résultats ont pleinement répondu à notre attente.

Il faut souligner que les évocations claudéliennes de l'année se sont intéressées à l'homme Paul Claudel, à l'écrivain et au diplomate, vérités inséparables et complémentaires de cette si riche personnalité. Elles ont été également le fait de claudéliens très divers et provenant de nombreux pays.

Pour illustrer ce propos, ne pouvant être exhaustif, je voudrais rappeler quelques évènements explicitement soutenus par la Société Paul Claudel qui ont marqué l'année, tout en soulignant l'importance et la qualité de toutes les autres manifestations.

Le colloque organisé par le Professeur Didier Alexandre à Sorbonne-Université évoquait « Paul Claudel, résolument contemporain » avec de nombreux thèmes parmi lesquels : le poète et son siècle, les trésors claudéliens de l'INA, des amitiés poétiques incertaines ou aux contenus différents, le poète et le lyrisme, diplomatie et poésie, Claudel et quelques-uns de ses contemporains, Claudel et la technique, Claudel et la mise en scène.

Le Japon, sous la responsabilité scientifique du Professeur Shinobu Chujo, a traité, à la Maison franco-japonaise de Tokyo, du « Japon de Paul Claudel », ses points de vue sur le Japon, vision sous l'angle des sciences religieuses, le pont, diplomatique et culturel, entre la France et le Japon, le poète inspiré par le Japon dans les *Cent phrases pour éventails*.

Le colloque organisé par le Professeur Dominique Millet-Gérard à la Villa Finaly à Florence, s'attachait à plusieurs thèmes : « Autour du Verbe, Sons et Images, Orient et Occident, Claudel et la Russie ».

La table ronde organisée par le Collège des Bernardins était consacrée à « Claudel et la cathédrale », sujet d'envergure qui convenait à ce haut lieu. Le grand acteur de la Comédie-Française, Didier Sandre, l'achevait par une admirable lecture d'extraits de *La Messe là-bas*.

Ces exemples confirment, s'il en était besoin, le vaste domaine de l'univers claudélien et les liens profonds qui persistent entre lui et nos préoccupations contemporaines. Il faut sa profondeur et son originalité pour qu'il suscite encore autant d'intérêt dans notre monde troublé et changeant qui a besoin de repères. La pensée de Paul Claudel, telle que nous la transmet son œuvre, en est l'un d'eux, ce que démontrent, à l'évidence, les commémorations qui ont célébré son cent cinquantième anniversaire.

Enfin, je veux, en terminant, rendre hommage à Didier Alexandre qui a été, pendant de longues années, notre brillant secrétaire général et qui a souhaité, tout en restant bien sûr actif avec nous, prendre du recul. Je remercie Catherine Mayaux d'avoir accepté de lui succéder et c'est elle qui va vous présenter dans un instant le rapport moral. Je veux également accueillir et remercier les trois nouveaux administrateurs que nous allons vous proposer d'élire, Louis de Vigouroux d'Arvieu, de la nouvelle génération de la famille de Paul Claudel, Emmanuelle Kaës et Pascal Lécroart, deux infatigables et éminents claudéliens.

Je passe la parole à Catherine Mayaux, puis à Francis Turlotte et à François Claudel et vous remercie de l'attention que vous avez bien voulu me prêter.

Hubert MARTIN
Président de la Société Paul Claudel

La Société Paul Claudel transmettra le rapport moral et le rapport financier à tout adhérent qui en présentera la demande.

BIBLIOGRAPHIE

AUTRAND, Michel, « *Partage de midi* et la page 250 », *Revue d'Histoire littéraire de la France*, 118ᵉ année – n° 3, 3, 2018, *Les chiffonniers littéraires*, p. 689-701.

BERTRAN, Cécile (dir.), Catalogue de l'exposition *Camille et Paul Claudel*, Musée Camille Claudel de Nogent-sur-Seine, éditions Lienart, 2018, 113 p.

BERTRAN, Cécile, « Camille Claudel et Paul Claudel : "une intellectuelle intimité" », Catalogue de l'exposition *Camille et Paul Claudel*, Musée Camille Claudel de Nogent-sur-Seine, éditions Lienart, 2018, p. 10-11.

GRIFFITHS, Richard, *Essais sur la littérature catholique (1870-1940). Pèlerins de l'absolu*, Classiques Garnier, coll. Études romantiques et dix-neuviémistes, 2018.

LIOURE, Michel, « Images de l'Amérique dans *L'Échange* de Paul Claudel », *États provisoires du poème* n° 18, « Les États-Unis », TNP Villeurbanne / Cheyne éditeur, 2018.

MATTIUSSSI, Véronique, « Paul Claudel – Auguste Rodin, le passé dure longtemps », Catalogue de l'exposition *Camille et Paul Claudel*, Musée Camille Claudel de Nogent-sur-Seine, éditions Lienart, 2018, p. 30-37.

MAYAUX, Catherine, « Le Japon dans l'œuvre de Paul Claudel, ou comment capter "l'essence passagère du monde" », Catalogue de l'exposition *Des samouraïs aux kawaï : histoire croisée du Japon et de l'Occident*, Musée dauphinois et Musée des confluences, 2018, p. 109-115.

MILLET-GÉRARD, Dominique, « Paul Claudel et les ecclésiastiques : un magistère réversible », in *Travaux de littérature*, XXX, Droz, 2017, p. 199-211.

MILLET-GÉRARD, Dominique, *Le Verbe et la Voix, vingt-cinq études en hommage à Paul Claudel*, Garnier, « Confluences », Garnier, 2019, 566 p.

NANTET, Marie-Victoire, « *L'Âge mûr* : tout dire ! », Catalogue de l'exposition *Camille et Paul Claudel*, Musée Camille Claudel de Nogent-sur-Seine, éditions Lienart, 2018, p. 12-19.

NANTET, Marie-Victoire, « *L'Échange*, de la valeur, détour par la Hollande », *États provisoires du poème* n° 18, « Les États-Unis », TNP Villeurbanne / Cheyne éditeur, 2018.

NANTET, Marie-Victoire, « Les rencontres de Brangues autour du Japon, 1972-2018 », Catalogue de l'exposition *Des samouraïs aux kawaï : histoire croisée du Japon et de l'Occident*, Musée dauphinois et Musée des confluences, 2018, p. 116-117.

PY, Olivier, *Claudel*, Paris, Buchet-Chastel, coll. « Les auteurs de ma vie », 2018.

REGNAULT, François, *Petit guide du théâtre de Paul Claudel avec Lacan*, éditions Navarin, 2019.

RONDIN, Madeleine, « Camille dans le théâtre de Paul Claudel », Catalogue de l'exposition *Camille et Paul Claudel*, Musée Camille Claudel de Nogent-sur-Seine, éditions Lienart, 2018, p. 20-29.

RÉSUMÉS/*ABSTRACTS*

Eugen Gottlob WINKLER, « "Le Soulier de Doña Prouhèze", le chef d'œuvre de Paul Claudel »

Cet essayiste, critique littéraire, traducteur, poète, s'est donné la mort en 1936 à 24 ans... laissant parmi quelques textes majeurs cette analyse (1934) du « Soulier de Doña Prouhèze ». Eugen Gottlob Winkler y célèbre l'absolue liberté du « chef d'œuvre » qu'il conçoit du vide à la plénitude, dans sa globalité depuis le plus minuscule détail, jusqu'à l'indiciblement grand, et, plus remarquable encore, dans sa temporalité/éternité singulière et son irrésistible mouvement.

Mots-clés : Conversation, Racine, Shakespeare, dramaturgie, Eugen Gottlob Winkler, Allemagne, mondialisation, salut, intemporalité, baroque.

This essayist, literary critic, translator, poet, gave himself death in 1936 at the age of 24... leaving among some major texts this analysis (1934) of the "Soulier de Doña Prouheze". Eugen Gottlob Winkler celebrates the absolute freedom of the "masterpiece" which he conceives from emptiness to fullness, in its entirety from the smallest detail, to the unspeakably great, and, more remarkable still, in his singular temporality/eternity and its irresistible movement.

Keywords: conversation, Racine, Shakespeare, dramaturgy, Eugen Gottlob Winkler, Germany, globalization, salvation, timelessness, baroque.

Marie-Victoire NANTET, « Claudel pour Racine, les raisons d'un revirement »

Entre le terrible ennui que Claudel tire en 1935 d'une représentation de Bérénice et l'hommage qu'il rend au à son auteur dans Conversation sur Jean Racine, s'inscrivent des réflexions éparses. Elles sont à l'origine d'un véritable retournement né du cœur et fondé en raison en faveur de l'illustre compatriote dont il occupe le fauteuil à l'Académie française.

Mots-clés : Conversation, Racine, Shakespeare, dramaturgie, Eugen Gottlob Winkler, Allemagne, mondialisation, salut, intemporalité, baroque.

Between the terrible boredom that Claudel feels in 1935 from a performance of Berenice and the homage he pays to his author in "Conversation sur Jean Racine", are scattered reflections. They are at the origin of a veritable reversal born of the heart and founded in reason in favor of the illustrious compatriot whose chair he occupies at the French Academy.

Keywords : conversation, Racine, Shakespeare, dramaturgy, Eugen Gottlob Winkler, Germany, globalization, salvation, timelessness, baroque.

IMPRIM'VERT®

Achevé d'imprimer par Corlet Numéric,
Z.A. Charles Tellier, Condé-en-Normandie (Calvados). N° d'impression : 157604
Imprimé en France

BULLETIN D'ADHÉSION

SOCIÉTÉ PAUL CLAUDEL
Chez René Sainte Marie Perrin
4 rue Troyon, 75017 Paris

Tél. : 06 16 98 07 24 ou 01 42 77 96 36
Courriel : societe-paulclaudel@wanadoo.fr
Site internet : www.paul-claudel.net

La Banque postale / Centre de Paris 20041 00001 1564046 F 020 50
IBAN FR65 2004 1000 0115 6404 6F02 050 – BIC PSSTFRPPPAR

ANNÉE 2019
(trois numéros)

❑ Membre bienfaiteur   à partir de 50 €
❑ Membre actif   40 € dont 24 d'abonnement au bulletin
❑ Étranger   45 € dont 24 d'abonnement au bulletin
❑ Étudiant   15 €
❑ Étudiant étranger   20 €

(Reçu fiscal au-dessus de 24 €)

Nom :   Prénom :
Adresse :

Nationalité :   Profession :
Téléphone :

IMPORTANT : si vous avez une messagerie, veuillez nous préciser votre adresse électronique, ce qui nous permettra de vous joindre, en cas de besoin, plus facilement et plus rapidement. Par avance merci.

Courriel :   @

**Bulletin à nous retourner accompagné de votre chèque de règlement
à l'ordre de la Société Paul Claudel**

CLASSIQUES GARNIER

Bulletin d'abonnement revues 2019

Titre	Nombre de parutions par an	Prix TTC abonnement France, frais de port inclus		Prix HT abonnement étranger, frais de port inclus	
		Particulier	Institution	Particulier	Institution
Ædificare Revue internationale d'histoire de la construction	2	49 €	80 €	56 €	87 €
Alkemie	2	52 €	69 €	62 €	79 €
Bulletin de l'Association des amis d'Alfred de Vigny	1	Vente au numéro : 35 €			
Bulletin de la Société internationale des amis de Montaigne	2	Vente au numéro : 27 €			
Bulletin de la Société Paul Claudel	3	Vente au numéro : 25 €			
Cahiers Alexandre Dumas	1	Vente au numéro : 39 €	49 €	Vente au numéro : 39 €	58 €
Cahiers de lexicologie	2	80 €	90 €	89 €	96 €
Cahiers de lexicologie et Neologica jumelés	3	94 €	99 €	98 €	104 €
Cahiers de littérature française	1	29 €	37 €	34 €	41 €
Cahiers de Recherches Médiévales et Humanistes	2	48 €	92 €	55 €	100 €
Cahiers d'études nodiéristes	2	48 €	93 €	55 €	100 €
Cahiers Francis Ponge	1	29 €	37 €	38 €	44 €
Cahiers Jean Giraudoux	1	Vente au numéro : 34 €			
Cahiers Louis Dumur	1	39 €	49 €	48 €	57 €
Cahiers Mérimée	1	Vente au numéro : 32 €			
Cahiers Tristan Corbière	1	35 €	45 €	44 €	53 €
Cahiers Tristan L'Hermite	1	Vente au numéro : 30 €			
Cahiers Valery Larbaud	1	Vente au numéro : 35 €			
Considérant - Revue du droit imaginé	1	29 €	37 €	38 €	44 €
Constellation Cendrars	1	Vente au numéro : 26 €			
Des mots aux actes	1	35 €	44 €	45 €	53 €
Économies, gestion et sociétés (comprend : Revue d'histoire de la pensée économique, Socio-économie du travail, Systèmes alimentaires, European Review of Service Economics and Management, Entreprise & Société)	9	270 €	360 €	295 €	414 €
Écrans	2	41 €	50 €	49 €	58 €
Encomia	1	Vente au numéro : 69 €	85 €	Vente au numéro : 69 €	95 €
Entreprise & Société	2	78 €	98 €	90 €	106 €
Éthique, politique, religions	2	51 €	51 €	59 €	59 €
Études digitales	2	54 €	68 €	63 €	74 €
Études sartriennes	1	22 €	30 €	29 €	37 €
Études Stéphane Mallarmé	1	29 €	37 €	38 €	44 €
European Drama and Performance Studies	2	69 €	83 €	69 €	87 €
European Review of Service Economics and Management / Revue Européenne d'Économie et Management des Services	2	78 €	98 €	90 €	106 €
L'Amitié guérinienne	1	Vente au numéro : 25 €			
L'Année rabelaisienne	1	39 €	49 €	46 €	56 €
L'Année ronsardienne	1	29 €	37 €	38 €	44 €

Titre	Nombre de parutions par an	Prix TTC abonnement France, frais de port inclus		Prix HT abonnement étranger, frais de port inclus	
		Particulier	Institution	Particulier	Institution
La Lettre clandestine	1	32 €	49 €	38 €	56 €
La Revue des lettres modernes (séries : Écritures jeunesse n°2, Écritures XIX n°7, Voyages contemporains n°2, Minores XX-XXI n°1, Raymond Roussel n°6, Georges Pérec n°1)	6	118 €	180 €	148 €	224 €
Les Cahiers du dictionnaire	1	35 €	44 €	45 €	53€
Libertinage et philosophie à l'époque classique (XVIᵉ-XVIIIᵉ siècle)	1	35 €	45 €	44 €	53 €
LiCarC Littérature et Culture arabes Contemporaines	1	29 €	37 €	36 €	43 €
Neologica	1	42 €	53 €	51 €	63 €
Parade sauvage	1	29 €	37 €	38 €	44 €
Revue Balzac	1	28 €	37 €	36 €	43 €
Revue Bertrand	1	35 €	45 €	44 €	53 €
Revue Bossuet	1	Vente au numéro : 29 €			
Revue des études dantesques	1	22 €	31 €	30 €	38 €
Revue d'études proustiennes	2	55 €	69 €	64 €	75 €
Revue d'histoire de la pensée économique	2	78 €	98 €	90 €	106 €
Revue d'histoire littéraire de la France	4 + biblio.	77 €	113 €	99 €	142 €
Revue d'histoire et de philosophie religieuses	4	40 €	60 €	49 €	71 €
Revue européenne de recherches sur la poésie	1	35 €	44 €	45 €	53 €
Revue Nerval	1	35 €	44 €	45 €	53 €
Revue Verlaine	1	29 €	37 €	38 €	44 €
Romanesques	2	42 €	58 €	55 €	67 €
Socio-économie du travail	2	78 €	98 €	90 €	106 €
Systèmes alimentaires	1	39 €	49 €	45 €	58 €

mis à jour le 15/03/2019

Ces abonnements concernent les parutions papier du 1ᵉʳ janvier 2019 au 31 décembre 2019. Les abonnés passant commande en cours d'année recevront les numéros déjà parus. Pour toute demande d'abonnement hors de ces dates, veuillez écrire à librairie@classiques-garnier.com.

M., Mme, Mlle : ....

Adresse : ....

Code postal : .... Ville : .... Pays : ....

Téléphone : .... Fax : ....

Courriel : ....

Modalités de règlement (en euros) :

▢ Chèque joint à l'ordre des Classiques Garnier
▢ Virement
  Banque : Société Générale – BIC : SOGEFRPP
  IBAN : FR 76 3000 3018 7700 0208 3910 870
  RIB : 30003 01877 00020839108 70

À envoyer à :
Classiques Garnier
6, rue de la Sorbonne
75005 Paris – France

Fax : + 33 1 46 33 28 90

Courriel : librairie@classiques-garnier.com